dtv

»Wenn es um Heine ging, wurde in Deutschland seit eh und je scharf geschossen. Ein geborener Provokateur war er und ein ewiger Ruhestörer ... Er ging ins Exil, um nie in Deckung gehen zu müssen. Seine Biographie reicht vom jüdischen Mittelalter bis zur europäischen Neuzeit, sein Werk führt von der deutschen Romantik zur Moderne der Deutschen ... Stets setzte er sich zwischen alle Stühle. Und fast will es scheinen, als sei da immer noch sein Platz. Aber es spricht nicht gegen Heine, daß sein Werk uns immer wieder beunruhigt. Daß es noch ist, was es war: eine Provokation und eine Zumutung.« (Marcel Reich-Ranicki)

Marcel Reich-Ranicki, Professor, Dr. h. c. mult., geboren 1920 in Włocławek an der Weichsel, ist in Berlin aufgewachsen. Er war von 1960 bis 1973 ständiger Literaturkritiker der Wochenzeitung ›Die Zeit‹ und leitete von 1973 bis 1988 in der ›Frankfurter Allgemeinen Zeitung‹ die Redaktion für Literatur und literarisches Leben. 1968/1969 lehrte er an amerikanischen Universitäten, 1971/1975 Gastprofessor für Neue Deutsche Literatur an den Universitäten Stockholm und Uppsala, seit 1974 Honorarprofessor in Tübingen, 1991/1992 Heinrich Heine-Gastprofessur an der Universität Düsseldorf. Ehrendoktor der Universitäten in Uppsala, Augsburg, Bamberg und Düsseldorf.

Marcel Reich-Ranicki

Der Fall Heine

Deutscher Taschenbuch Verlag

Für Maruscha und Salomon Korn

Ungekürzte Ausgabe
Juni 2000
2. Auflage Oktober 2000
Deutscher Taschenbuch Verlag GmbH & Co. KG,
München
www.dtv.de

Umschlagkonzept: Balk & Brumshagen
Umschlagbild: ›Heinrich Heine‹ (1831)
von Moritz Oppenheim
(Heinrich-Heine-Institut, Düsseldorf)
Satz: Hahn Medien GmbH, Kornwestheim
Druck und Bindung: C. H. Beck'sche Buchdruckerei,
Nördlingen
Gedruckt auf säurefreiem, chlorfrei gebleichtem Papier
Printed in Germany · ISBN 3-423-12774-0

Inhalt

Statt eines Vorworts:
Notizen über einen Weltpoeten

(1997)

Das schöne Wort »Weltliteratur« verdanken wir dem alten Goethe. In einem Brief vom 23. Januar 1827 zeigte er sich überzeugt, daß sie sich bilde und alle Nationen dazu geneigt seien. Nur frage es sich, ob das für alle auch günstig sei? Denn der Deutsche habe – fürchtete Goethe wenig später, 1829 – in der Epoche der Weltliteratur, so gewiß sie jetzt an der Zeit sei, am meisten zu verlieren.[1]

Damit meinte er wohl die bittere Tatsache, daß die deutsche Literatur, so wunderbare Leistungen sie auch aufzuweisen hatte, Europa oder gar die Welt zu erobern nicht imstande war. Von Klopstock wollte man außerhalb Deutschlands nichts wissen, Lessing interessierte bloß die Fachleute; und selbst Hölderlin, dessen herrliche Verse freilich jeder Übersetzung hartnäckigen Widerstand leisten, vermochte die Grenzen der deutschen Sprache nicht zu überschreiten.

Ähnliches gilt für Jean Paul, der trotz ehrenwerter Bemühungen mancher seiner Bewunderer eine Art Geheimtip geblieben ist, ähnliches für jenen, der das Leben für einen Traum hielt und den Traum in ein Leben verwandeln wollte, für Novalis also. Und Kleist? Über den »Prinzen von Homburg« urteilte Heine knapp: Dieses Schauspiel sei »gleichsam vom Genius der Poesie selbst geschrieben« worden.[2] Aber darf man sich wundern, daß man sich im Ausland um Kleist nicht kümmern wollte, da man es damals in dessen Heimat auch kaum getan hat, da er als Dramatiker und als Erzähler ohne Echo und Wirkung blieb?

Wo bleibt somit der deutsche Beitrag zur Weltliteratur? Ja, den gibt es auch: Goethe und noch einmal Goethe und dann Schiller. Und dann vielleicht noch der hierzulande etwas ungerecht behandelte E.T.A. Hoffmann, dessen Werke nichts anderes seien – so Heine – als »ein entsetzlicher Angstschrei in 20 Bänden«.[3] Wie aber ist es mit unseren romantischen Lyrikern – mit Brentano etwa, mit Mörike und Eichendorff?

Die Sache ist vertrackt: Ich liebe ihre Verse, ich bekenne mich zu ihnen ohne Reue. Hier stock ich schon. Wirklich ganz ohne Reue? »Wem Gott will rechte Gunst erweisen, / Den schickt er in die weite Welt.« – »In einem kühlen Grunde, / da geht ein Mühlenrad ...« – »Wer hat dich, du schöner Wald, / Aufgebaut so hoch da droben?« – Ist derartiges heute ohne Robert Schumann, ohne Mendelssohn-Bartholdy oder Brahms noch erträglich?

Nein, ich unterschätze Eichendorff keineswegs. Wie könnte ich es? Zwischen uns sei Wahrheit: Wenn ich höre – mit oder ohne Schumann –: »Es war, als hätt der Himmel / Die Erde still geküßt ...« Dann etwas weiter: »Und meine Seele spannte / Weit ihre Flügel aus ...«, da werden meine Augen feucht, immer noch. Ja, so ist es, ich liebe sie, den Eichendorff und den Mörike, den Brentano und den Lenau.

Aber ich kann nicht verschweigen, daß mir die Innerlichkeit vieler romantischer Gedichte durchaus nicht gefällt, ja, daß ich ihrer bisweilen recht überdrüssig bin. Der altbackene Lyrismus und die liebliche Idyllik, die verzückte Naturschwärmerei und der kauzige Irrationalismus, das Exaltierte und das Schwärmerische, die Versponnenheit und die Beschaulichkeit – wie ist das alles harmlos und engstirnig, wie kleinkariert und provinziell.

Nichts liegt mir ferner, als mich von der deutschen, der romantischen Innerlichkeit abzuwenden, als zu verkennen, was wir ihr verdanken. Doch kann ich mir nicht vorstellen, daß man heute ein anderes Verhältnis zur Romantik und zur Innerlichkeit in der deutschen Literatur haben könnte als ein ambivalentes – voll Liebe und Bewunderung und zugleich voll Skepsis und Kritik.

So konnten die Romantiker jenen deutschen Beitrag zur Weltliteratur, um den der alte Goethe bangte, nicht leisten: War ihre Dichtung zu deutsch? Keineswegs, aber sie war nicht europäisch genug. Der die deutsche Literatur aus dieser Sackgasse hinausgeführt hat, war kein anderer als Heine.

Nietzsche war nicht kleinlich. Auch in Sachen Heine ließ er sich nicht lumpen. »Den höchsten Begriff vom Lyriker« – erklärte er in seiner philosophischen Autobiographie »Ecce homo« – »hat mir Heinrich Heine gegeben. Ich suche umsonst in allen Reichen der Jahrtausende nach einer gleich süßen und leidenschaftlichen Musik. Er besaß jene göttliche Bosheit, ohne die ich mir das Vollkommene nicht zu denken vermag ... Und wie er das Deutsche handhabt!«[4]

Das also sind die Elemente in Heines Schriften, die sich dem Gedächtnis Nietzsches am stärksten eingeprägt haben: die süße, die leidenschaftliche Musik, die göttliche Bosheit und die virtuose Beherrschung des Deutschen. Mit anderen Worten: der Wohlklang, der Scharfsinn und der Stil – und damit ist schon charakterisiert, was Heines bahnbrechendes Werk von beinahe allen seinen Vorgängern und beinahe allen seinen Nachfolgern unterscheidet.

Bahnbrechend? Ist das nicht ein gar zu großes Wort? Nein, ich nehme es nicht zurück, ich werde es auch nicht abmildern: Heine hat, um es gleich zu sagen, der deutschen Literatur, der Poesie ebenso wie der Prosa, neue Möglichkeiten eröffnet und neue Wege gewiesen. Ihm ist geglückt, was Europa den Deutschen kaum mehr zutraute: ein Stück Weltliteratur in deutscher Sprache.

Die Lyrik ist eine verlockende und zugleich gefährliche Gattung. Bei ihr fanden immer schon jene Unterschlupf, die nichts zu sagen haben, doch unbedingt gehört werden möchten, die singen wollen, weil sie nicht denken können, die dichten müssen, weil ihnen das Schreiben unüberwindliche Schwierigkeiten bereitet. Was zu töricht war, um gesagt zu werden, haben sie gern gesungen. Denn wer feierlich sang und raunte, der brauchte die Frage nach dem Sinn und der Intelligenz seiner Worte nicht zu befürchten. Die Denker schätzte man hierzulande vor allem dann, wenn sie dichteten – und die Dichter, wenn sie nicht dachten. So war in Deutschland das Gedicht oft ein Refugium für Autoren mit und ohne Talent, doch auf jeden Fall mit wenig Geist. Und für ein Publikum, das willig der Aufforderung folgte: Mitzusingen, nicht mitzudenken, seid Ihr da!

Von alldem wollte Heine nichts wissen. Die Ansicht, daß sich Inspiration und Intellekt gegenseitig ausschlössen, hielt er für ein törichtes, ein verächtliches Vorurteil. Da er 1797 geboren wurde, ist er natürlich im Geist der Romantik aufgewachsen, und die Romantik ist es, die seine Poesie beeinflußt und geprägt hat. Kein Zweifel, er war ein Romantiker. Doch als ein Franzose ihn einen »romantique défroqué«, einen »entlaufenen Romantiker«, nannte, fand er dies boshaft, aber treffend.

Gegen Ende seines Lebens behauptete er, natürlich nicht ganz ernsthaft, er habe der romantischen Poesie in Deutschland »die tödlichsten Schläge beigebracht«.[5] Das ist effektvoll übertrieben, denn welche Schläge er dieser Bewegung und Richtung, aus der eine Schule hervorging, und dieser Schule, aus der eine Mode wurde, auch versetzt hatte, tödlich waren sie glücklicherweise nicht. Heine selber war und blieb ein Romantiker, nur eben einer, der seine Eigenart und seine geistige Selbständigkeit glanzvoll zu verteidigen vermochte.

Geistreich und witzig kritisierte er die poetische Welt, aus der er gekommen war, es bereitete ihm ein Vergnügen, sie der Lächerlichkeit preiszugeben. Doch die bösen Attacken sind zugleich beinahe zärtlich. Nicht selten behandelte er diese Welt mit einem Zynismus, aus dem er kein Hehl machte. Nur war es ein überaus nützlicher Zynismus, weil er die Sicht der Romantiker auf seine Weise relativierte. Am Ende beschlich ihn wieder – er gab es offen zu – »eine unendliche Sehnsucht nach der blauen Blume im Traumlande der Romantik«.[6]

Indem Heine die Romantik wie kein anderer reformierte und modernisierte, rettete und bewahrte er sie für eine neue Generation. Mit der vielgescholtenen Innerlichkeit hat er sich konsequent auseinandergesetzt, aber er schämte sich nicht, gelegentlich durchblicken zu lassen, daß er für sie immer noch eine Schwäche habe. Er dachte nicht daran, sich von der Szenerie der romantischen Dichtung, von den Feldern und Wäldern, den Tälern und Hügeln, den Bächen und Flüssen, von den vielen Gräsern und Blumen etwa abzuwenden. Aber ohne die Innerlichkeit ganz zu verbannen, hat er ihre Auswüchse lachend beseitigt. Und er hat ihre Szenerie energisch erweitert, indem er tat, was noch unlängst schwer vorstellbar war – er hatte keine Bedenken, die moderne Stadtlandschaft, Berlin und Hamburg, Köln und Paris, in die Lyrik einzubeziehen.

Früher als die anderen europäischen Dichter seiner Zeit hat er ausgiebig von der Umgangssprache profitiert und immer wieder auf das Deutsch des Alltags zurückgegriffen. So hat er die Sprache der Lyrik und der Prosa erneuert, er hat sie ohne Pardon entrümpelt und anmutig verschlankt und damit die dringend notwendige Voraussetzung für die Demokratisierung der Literatur geschaffen.

Als Grillparzer ihn 1836 im Pariser Exil besuchte, vermerkte er in seinen »Reisetagebüchern« nicht ohne Überraschung: »Ich erfreute mich des seltenen Vergnügens, bei einem deutschen Literator gesunden Menschenverstand zu finden.«[7] Der gesunde Menschenverstand machte es Heine möglich, stets aufs neue zu zeigen, daß die Dichtung vernünftig sein könne – und die Vernunft dichterisch. Ihm ist es scheinbar mühelos gelungen, jene Synthese zu verwirklichen, die in Deutschland Seltenheitswert hat – die Synthese aus Witz und Weisheit, Charme und Scharfsinn, Gefühl und Grazie.

Wie kein anderer deutscher Dichter vor ihm – natürlich mit Ausnahme von Goethe – hat er einen Reichtum der Töne und Themen, der Motive und Melodien entfaltet, der (trotz Rilke und trotz Brecht) bis heute beispiellos ist. Er hat in seinen Versen gebetet und gebettelt, geflucht und geflüstert, geträumt und gedroht. Er hat viel gespottet und viel gehöhnt, aber er hat, wie es sich für einen Juden schickt, immer auch sich selber verspottet und verhöhnt. Er war verliebt in Widersprüche und erst recht in Extreme, aber er hat, wie es sich für einen Künstler schickt, niemals das Risiko gefürchtet.

Er ließ die Naivität des deutschen Volksliedes Urständ feiern, er scheute weder Pathos noch Sentimentalität – und er hat alles mit Ironie und Humor relativiert und kritisiert. Heine war, wenn man so sagen darf, ein passionierter Skeptiker, ein skeptischer Provokateur. Schon seine frühen Publikationen, zumal das »Buch der Lieder« und die »Reisebilder«, brachten ihm zusammen mit vielen Lesern, Anhängern und Bewunderern auch unzählige Neider, Gegner und Feinde: Es gab recht bald einen Fall Heine – und es gibt ihn immer noch.

Er sang sein Leben lang »das alte Lied, das einst so wild die Brust durchglüht«. Welches Lied?

> Die Engel, die nennen es Himmelfreud,
> Die Teufel, die nennen es Höllenleid,
> Die Menschen, die nennen es Liebe!

Er hat die Liebe verherrlicht, die große und die kleine, die schwere und die leichte. Gerade seine erotische Dichtung bietet ohne jedes Aufheben die Einheit aus Geist und Gesang, aus Intuition und Intelligenz.

Wenn in der Weltliteratur von der Liebe die Rede ist, dann ist immer ungleich mehr gemeint: Jedes erotische Gedicht hat einen doppelten Boden, jedes symbolisiert auch etwas anderes. Heine hat, sagt er mehr als einmal, »die süße Liebe gesucht«, aber »den bittern Haß gefunden«. Er wandelt allein gleich einem Kranken, er bricht Rosen, er bricht Nelken – aber er weiß nicht, wem er sie geben könnte. Das war sein Thema: die unerwiderte, die vergebliche und aussichtslose, die unglückliche Liebe.

Er beschwört »den tausendjährigen Schmerz«. Er klagt über das Schicksal des Juden, der als Fremdling behandelt wird, der allein und einsam bleibt, der sich als ein Ausgestoßener fühlt. In den Versen, die insgeheim auf die Leiden des zwar assimilierten, doch nicht emanzipierten Juden abzielten, erkannten sie sich wieder – die Juden und die Nichtjuden, die Benachteiligten, die Verschmähten und die Zukurzgekommenen in ganz Deutschland, in der ganzen zivilisierten Welt.

Ich las einmal über Kleist, er sei »deutsch ohne Zugeständnisse« gewesen. Ganz sicher bin ich nicht, ob man dies als Kompliment verstehen sollte. Für Heine gilt es bestimmt nicht. Denn so verliebt er in das Deutsche war, gegen das er sich bisweilen (wie Goethe, wie Hölderlin) auflehnte und empörte, so liebte er zugleich und nicht weniger stark Europa – obwohl er mitunter klagte, er sei »europamüde«. Als er 1830 Deutschland verließ, da ging er zwar nach Paris, aber er floh nach Europa.

Was seinen Ahnen, die in Gettos leben mußten, verschlossen war, das sah Heine, der Jude aus Düsseldorf, mit der Frische, mit der Neugierde und mit dem Wissensdurst des Neuankömmlings, das nahm er mit Freude und Genuß auf. Er war ein Parvenü und ein Genie. Und manche seiner genialen Leistungen wurden gerade dadurch ermöglicht, daß es nicht sein Ehrgeiz war, auf die Sicht des Parvenüs ganz zu verzichten, sie ganz zu unterdrücken.

Alles Engstirnige und Provinzielle war ihm verhaßt. Er schwärmte in Deutschland für die Französische Revolution, er schrieb über französische Zustände, französische Maler und die französische Bühne, über England und Italien. In Frankreich erläuterte und rühmte er die deutsche Romantische Schule, er belehrte die Franzosen über die Geschichte der Religion und der Philosophie in Deutschland. Den Blick der gebildeten Deutschen lenkte Heine auf Europa, und auf ungeahnte, auf überraschende Weise belebte und steigerte er das Interesse Europas an deutschem Geist, an deutscher Kultur.

Origineller und moderner hat er die Poesie auch mit Hilfe eines Elements gemacht, das wir bei seinen Vorläufern, also in der deutschen Lyrik des achtzehnten und des frühen neunzehnten Jahrhunderts, meist vergeblich suchen. Wir haben allen Anlaß Klopstock, Schiller, Hölderlin, Novalis, Mörike, Eichendorff oder Platen zu schätzen und zu bewundern. Humor aber läßt sich ihnen schwerlich nachrühmen. Daß es Goethe daran nicht gemangelt hat, ist sicher: Er hat jene Figur des Welttheaters geschaffen, die in höchstem Maße mit Humor gesegnet ist – den Mephistopheles. Aber an Humor in seiner Lyrik kann ich mich nicht erinnern. Wer den »Zerbrochnen Krug« geschrieben hat, braucht den Vorwurf der Humorlosigkeit nicht zu befürchten. Doch in den Gedichten Kleists geht es immer sehr ernst zu.

Und Heine? Er war der erste große deutsche Poet, der nicht nur gelegentlich humorvolle Gedichte schrieb, der es vielmehr gewagt hat – und das war damals ein Wagnis –, den Humor zur selbstverständlichen Komponente seiner Poesie und seiner Prosa zu machen. Seine Lyrik ist empfindsam und doch sarkastisch, leidenschaftlich und zugleich ironisch, sie ist oft traurig und dennoch komisch. Sein Humor hat dazu beigetragen, daß der Deutsche und der Jude Heine von ganz Europa akzeptiert und nicht selten sogar geliebt wurde.

Mehr noch: In ihm, dem Heimatlosen, dem Emigranten, hat Europa eine Zentralfigur der zeitgenössischen Literatur, einen Weltpoeten gesehen und den Nachfolger Byrons erkannt. Und er selber, Heinrich Heine, hat er in der Geschichte der deutschen Literatur Nachfolger gefunden?

Unzählige Poeten und Pseudopoeten haben ihn nachgeahmt und kopiert, übersetzt und parodiert. Stefan George, Rilke und Hofmannsthal, Georg Trakl und Georg Heym gingen allerdings einen anderen Weg, folgten anderen Vorbildern. Gleichwohl ist die moderne deutsche Dichtung, die gesellschaftskritische, die erotische und die politische, die satirische und die humoristische ohne Heine nicht mehr denkbar. Wilhelm Busch, Detlev von Liliencron und Arno Holz, Frank Wedekind und Christian Morgenstern, Joachim Ringelnatz, Klabund, Kurt Tucholsky, Erich Kästner und der große Lyriker Bertolt Brecht – sie alle haben ihm viel zu verdanken, sie waren, ob sie es wußten und zugaben oder nicht, seine Schüler. Das gilt auch für nicht wenige Dichter unserer Tage, so für Erich Fried, Hans Magnus Enzensberger, Peter Rühmkorf oder Wolf Biermann.

Heines sentimentalen, süffisanten und souveränen »Reisebildern«, dieser romantischen Prosa ohne Illusionen, doch mit jüdischem Witz, sind alle verpflichtet, die die Kunst der modernen Reisereportage zu üben wußten – von Theodor Fontane über Joseph Roth und Egon Erwin Kisch bis zu Wolfgang Koeppen, der zu den wenigen gehört, die sich offen zu ihm bekannten: »Ich lernte bei Heine, wir alle studierten ihn, Generationen von Schriftstellern und Journalisten pflegten seinen Stil, liebten sein helles, flinkes Deutsch ...«[8]

Und das Feuilleton, dieser jüngere, sehr sympathische, wenn auch bisweilen etwas leichtsinnige Bruder des Essays, das Feuilleton, das Literatur und Journalismus vereint und nie den Leser aus dem Auge verliert, ihm vielmehr menschenfreundlich entgegenkommt – wer hat es erfunden und als erster virtuos praktiziert, wenn nicht er, Heinrich Heine? Die Berliner und die Wiener Feuilletonisten, Kerr und Tucholsky, Polgar und Friedell und natürlich und erst recht Karl Kraus – sie sind alle seine Erben.

Kraus, ein hochbegabter Schüler und Jünger Heines, hat seinen heimlichen Meister wutentbrannt und haßerfüllt attackiert und beschimpft, hat gegen ihn gemeutert. Treffend erkannte er: »Ohne Heine, kein Feuilleton.« Nur hielt er das Feuilleton für »die Franzosenkrankheit, die er uns eingeschleppt hat«.[9]

Sein berüchtigter und effektvoller, doch streckenweise so törichter wie geschmackloser Essay von 1910 ist eine sprachgewaltige Hetzschrift, eine ödipale Rebellion, in der der Jude Kraus mehr sich selber als seinen Gegenstand, den Juden Heine, entlarvt.

Heines Grab befindet sich auf dem kleinen Friedhof im Pariser Stadtteil Montmartre. Ob im traurigen Monat November, wenn die Tage trüber werden, ob im wunderschönen Monat Mai, wenn alle Knospen springen – es liegen auf diesem Grab immer frische Blumen und viele kleine Steine. Die Steine haben Juden hingelegt.

Das ist ein uralter Brauch, angeblich stammt er aus der Zeit, da die Kinder Israels auf dem Weg von Ägypten in das verheißene Land ihre Toten im Sand der Wüste bestatteten. Auf die Gräber legten sie schwere Steine: Sie sollten verhindern, daß Schakale die Ruhe der dort Beerdigten stören. Seitdem pflegen Juden auf die Gräber ihrer Nächsten – wenn es sie denn überhaupt gibt, denn viele haben, wie es in Celans »Todesfuge« heißt, nur »ein Grab in den Lüften« – ein Steinchen hinzulegen: als Zeichen, daß sie da waren, als strenges und schlichtes Zeichen des Andenkens und der Verbundenheit, vielleicht des Respekts oder auch der Liebe.

Als ich das letzte Mal an Heines Grab stand, kam ein junges Paar, offenbar in guter Laune. Sie sprachen französisch. Das Mädchen legte fröhlich, wie es schien, und nicht ohne Anmut einen Rosenstrauß hin. Dann kam noch ein junges Paar, ein ernstes. Sie sprachen deutsch und brachten Nelken mit. Der Franzose küßte (es hat mich nicht verwundert) seine Begleiterin. Der Deutsche folgte etwas unsicher seinem Beispiel. Ich dachte mir: Das Grab eines Dichters – ein Wallfahrtsort für Liebende.

In seinem »Atta Troll« hatte Heine geschrieben:

Zwecklos ist mein Lied. Ja, zwecklos
Wie die Liebe, wie das Leben,
Wie der Schöpfer samt der Schöpfung!

Und ich fragte mich, ob ein Lied wirklich zwecklos sei, wenn es Lebensfreude bereitet, Glück beschert.

Die Dämmerung zog näher schon. Die Französin winkte. Wem? Mir oder dem Toten? Die beiden Paare gingen weg, rasch und eilig das eine, besinnlicher das andere. Ich blieb allein. Und eingedenk jener jüdischen Sitte, die Jahrtausende alt, nahm ich einen Stein und legte ihn dankbar auf das Grab des deutschen Dichters Heinrich Heine.

Eine Provokation und eine Zumutung

(1972)

I.

In Deutschland über Heine zu schreiben, ist immer noch eine heikle und mißliche Sache. Wer vor seiner Überschätzung warnt, wer ihn in Frage stellt oder gar ablehnt, hält es auch heute nicht für überflüssig, sich wenigstens in einem Nebensatz von jenen zu distanzieren, die vor allem den Juden Heine bekämpften. Wer wiederum von seiner Größe und seiner Einzigartigkeit spricht, muß nach wie vor befürchten, man könne ihn mit jenen verwechseln, die sich, aus welchen Gründen auch immer, mit dem Geschäft der literarischen Wiedergutmachung befassen.

So verdüstert noch heute, scheint es, der Rauch der Bücherverbrennungen und der Gaskammern die Sicht. Jedenfalls waren die Vorzeichen, unter denen nach 1945 die erneute Beschäftigung mit Heine stand, von kritischer Nüchternheit und wissenschaftlicher Sachlichkeit weit entfernt. Denn natürlich ist, ähnlich wie der Judenhaß, auch die Wiedergutmachung, mögen ihre Motive die redlichsten sein, keine Kategorie, die sich zur Klärung eines literarischen Phänomens eignet.

Indes muß es auffallen, daß für die Diskussion um Heine schon vor fünfzig oder hundert Jahren in der Regel nicht Nüchternheit und Sachlichkeit charakteristisch waren, sondern eher grelle Affekte und tiefe Ressentiments. Wenn es um Heine ging, wurde in Deutschland seit eh und je scharf geschossen: Auch ohne Auschwitz war dieser Fall immer schon auf des Messers Schneide.

Aber was das Gespräch über Heine einst ungemein erschwert hat und heute noch erschwert, läßt sich zwar, wie alles, was ihn betrifft, von seinem Judentum nicht trennen, ist jedoch auf einer anderen Ebene zu suchen – jenseits antisemitischer Verketzerung und jenseits philosemitischer Verherrlichung.

II.

Kein deutscher Dichter hat schon zu seinen Lebzeiten so heftige Reaktionen ausgelöst wie Heine. Mit Ausnahme von Goethe wurde keinem einzigen deutschen Lyriker eine auch nur annähernd starke Volkstümlichkeit zuteil. Ebenso kennt die Geschichte der deutschen Literatur kein vergleichbares Beispiel einer derart erregten und leidenschaftlichen und natürlich auch zwiespältigen postumen Rezeption: Keiner der großen deutschen Dichter wurde ausgiebiger beschimpft und hartnäckiger bekämpft. Und keiner hat häufiger zu erbitterten Auseinandersetzungen Anlaß gegeben, bei denen es oft um so weltbewegende Fragen ging, ob mit seinem Namen eine Straße oder eine Universität bezeichnet und ob und wo er mit einem Denkmal oder auch nur mit einer Gedenktafel geehrt werden sollte. Kein deutscher Poet hat ein ähnliches Echo im Ausland gefunden. Und keiner wurde so oft und so konsequent mit demagogischen Argumenten und mit falsch zitierten Äußerungen sowohl angegriffen als auch verteidigt.

Doch nichts wäre leichtsinniger, als etwa behaupten zu wollen, dies alles zeuge nur von seiner Größe. Denn Heines Popularität beweist noch keineswegs die Qualität seiner Verse: Mitunter waren es gerade die schwächsten, die gefälligen und die routinierten, die am meisten geliebt und am häufigsten nachgeahmt wurden.

Zu dem Auslandserfolg seiner Dichtung wiederum trug in hohem Maße bei, daß sie sich leicht in fremde Sprachen übertragen ließ. Heine daraus einen Vorwurf zu machen – und man hat dies oft getan –, ist schlechthin töricht. Andererseits jedoch kann die Übersetzbarkeit eines Gedichts schwerlich als Wertkriterium gelten. Wie auch immer: Die Skala seiner Lyrik – das scheint mir auf jeden Fall sicher – reicht von genialer Poesie bis zu purem Kunstgewerbe.

Ferner darf man nicht übersehen, daß ebenso die Heftigkeit wie die Demagogie des Kampfes um Heine durch seine offenkundige Fragwürdigkeit gewiß nicht gerechtfertigt wurden, aber doch mit ihr zusammenhingen.

Ein geborener Provokateur war er und ein ewiger Ruhestörer. Er traf die schmerzhaftesten Wunden seiner Zeitgenossen, ohne die Folgen, die für ihn selber entstehen mußten, zu bedenken. Es kümmerte ihn kaum, daß er den anderen sehr bequeme Angriffsziele bot und dies nicht nur deshalb, weil er extreme und also oft anfechtbare Urteile liebte. Er sicherte sich nie ab, Vorsichtsmaßnahmen waren mit seinem Temperament schlecht vereinbar. Er kämpfte tatsächlich mit offenem Visier. Man könnte sagen: Er ging ins Exil, um nie in Deckung gehen zu müssen.

Er war ein Virtuose der Polemik. Doch von Takt und Taktik wollte er nichts wissen. Fast will es scheinen, als sei er unfähig gewesen, Sache und Person voneinander zu trennen; jedenfalls war ihm nie daran gelegen. Er konnte es sich leisten, auf läppische Scherze und boshafte Witze, auf billige Argumente und gehässige Seitenhiebe zu verzichten. Aber er verwendete sie immer wieder, auch da, wo er gar nicht gereizt wurde. Keine Hemmungen hatte er, seinen Feinden (und nicht nur ihnen) die Impotenz oder die Homosexualität anzukreiden und ihnen allerlei körperliche Gebrechen (bis zum Durchfall einschließlich) vorzurechnen. Wie unfair man ihn auch behandelt hatte – zu seinen Lebzeiten und später ebenfalls –, er selber war nicht weniger unfair.

So versorgte er jeden, den er attackiert hatte, und jeden, der gegen ihn aus anderen Gründen schreiben wollte, fast automatisch mit reichlichem und nicht selten effektvollem Material. Dieser meisterhafte Torschütze leistete sich viele Eigentore und nahm sie gelassen in Kauf.

Hinzu kommt Heines rühmliche Vorliebe für aphoristische Prägnanz, für witzige und exakte, bewußt überspitzte und deshalb besonders eindringliche Formulierungen. Sie machen seine Verse und seine Prosa auf außergewöhnliche Weise zitierbar. Und mit Heine-Zitaten läßt sich mühelos sehr viel belegen. Nur ist damit in der Regel, eben weil sich mit seinen Äußerungen so leicht operieren läßt, auch sehr wenig gewonnen.

Denn die widerspruchsvolle und oft aggressive Reaktion auf Heine wurde zwar durch viele und sehr verschiedene Umstände begünstigt und gesteigert, aber sie hat ihren tiefsten Ursprung in seiner Eigenart, die sich freilich – und darauf vor allem kommt es hier an – in keiner seiner Arbeiten voll manifestiert. Es gibt kein Buch Heines, das für ihn so repräsentativ wäre, wie etwa der »Faust«, der »Zauberberg« oder der »Prozeß« es für ihre Autoren sind. Will man ihm gerecht werden, so muß man sein zwielichtiges und ungleiches, sein zwiespältiges und unvergleichliches Werk – ähnlich übrigens wie das Brechts – unbedingt als ein Ganzes sehen. Es besteht aus vielen, meist kleinen Teilen und erweist sich letztlich doch als eine Einheit.

Vollkommen ist Heines Werk bestimmt nicht. Aber es war in seiner Epoche eine ungeheuerliche, eine vollkommene Zumutung. Seine Arbeiten sind Bruchstücke einer einzigen Provokation.

III.

Heines Biographie reicht vom jüdischen Mittelalter bis zur europäischen Neuzeit. Heines Werk führt von der deutschen Romantik zur Moderne der Deutschen.

Ihm, nur ihm gelang, was nach der Ära Goethes und Schillers, Kleists und Hölderlins dringend nötig war: die radikale Entpathetisierung der deutschen Dichtung. Er befreite sie vom Erhabenen und Würdevollen, vom Hymnischen und Feierlichen und auch vom Dunklen. Und er gab ihr, was sie dem deutschen Leser meist vorenthalten hatte: Leichtigkeit und Anmut, Charme und Eleganz, Witz und Esprit, Rationalität und Urbanität und gelegentlich auch Frivolität.

Daß sich der Gesang und der Gedanke nicht gegenseitig auszuschließen brauchen, wußte man schon vor Heine, und schon andere hatten bewiesen, daß es sogar in deutschen Landen möglich ist, ein Dichter und dennoch ein Denker zu sein. Aber erst Heine vermochte die makellose Synthese aus Poesie und Intellekt zu verwirklichen, ohne dabei die Lyrik – wie das in Deutschland meist üblich war – mit der Philosophie zu befrachten. Den deutschen Vers hat er mit der Umgangssprache, mit dem Vokabular des Alltags erneuert und bereichert, ohne ihn deshalb des Dichterischen zu berauben. Und die deutsche Prosa hat er mit lyrischen Tönen, Bildern und Rhythmen belebt und gesteigert, ohne sie damit etwa zu poetisieren.

Als Karl Kraus in seinem berühmt-berüchtigten Pamphlet von »jenem Heinrich Heine« schrieb, »der der deutschen Sprache so sehr das Mieder gelockert hat, daß heute alle Kommis an ihren Brüsten fingern können«[1], da wies er, freilich ohne es zu wollen, auf eine der gewaltigen Leistungen Heines hin. Denn die deutsche Sprache hatte sich damals nach einem gesehnt, der sich ihrer erbarmen und ihr endlich das Mieder lockern würde.

»Seine von der kommunikativen Sprache erborgte Geläufigkeit und Selbstverständlichkeit« sei – meinte Adorno – »das Gegenteil heimatlicher Geborgenheit in der Sprache«[2]. Das mag sein, aber eben deshalb, weil ihm diese »heimatliche Geborgenheit« versagt geblieben war, konnte er jene Distanz zur Sprache gewinnen, die es ihm ermöglichte, sie als Instrument zu behandeln. Und was Adorno für Heines »Widerstandslosigkeit gegenüber dem kurrenten Wort« hielt, war in Wirklichkeit jene außergewöhnliche Reizempfindlichkeit, der wir eine radikale Erneuerung der Sprache sowohl der Lyrik als auch der Prosa verdanken.

Indem Heine die Sprache der deutschen Literatur entrümpelte und modernisierte, schuf er die wichtigste Voraussetzung für ihre Demokratisierung, die er selber – wie kein anderer deutscher Dichter des neunzehnten Jahrhunderts – auch zu realisieren vermochte. Wovon die besten seiner Vorgänger geträumt hatten, war ihm geglückt: die Überwindung der Kluft zwischen der Kunst und der Wirklichkeit, zwischen der Poesie und dem Leben.

Hierher gehören auch Heines Verdienste um die Entwicklung des Journalismus. Wahr ist, daß gerade auf diesem Gebiet auch die Zahl seiner Sünden besonders groß scheint und daß er manche ärgerliche Unsitte in die Welt gesetzt hat, an der die deutsche Presse noch heute leidet. Doch er war es, der gezeigt hat, daß ein und derselbe Mann ein genialer Poet und dennoch ein professioneller Zeitungsschreiber sein kann.

Er, der bedeutendste Journalist unter den deutschen Dichtern und der berühmteste Dichter unter den Journalisten der ganzen Welt, war, zumindest in Deutschland, der erste, der die Möglichkeiten der modernen Presse erkannte und von ihnen auch ständig Gebrauch zu machen wußte. Eben dies hat ihm wohl die meisten Feinde eingebracht. Man fürchtete seine Gedanken und Anschauungen, gewiß, aber noch mehr fürchtete man seine Fähigkeit, diese Gedanken und Anschauungen so auszudrücken, daß sie für zahllose Leser plausibel und attraktiv wurden.

Noch der heutige deutsche Journalismus verwendet viele der von ihm erprobten Mittel und

Formen und lebt zu einem großen Teil von seinen Errungenschaften. Und wie man sich das moderne deutsche Drama ohne Büchners Leistung nicht mehr denken kann, so ist auch die deutsche Lyrik des zwanzigsten Jahrhunderts – von Brecht und Benn bis zu Grass und Enzensberger – ohne Heines Einfluß schwer vorstellbar. Daß sich diejenigen unter den Nachgeborenen, die ihm viel verdanken, dessen oft nicht bewußt waren und nicht bewußt sind, spielt dabei keine Rolle.

IV.

Jahre und Jahrzehnte hindurch nahmen sowohl die Kommunisten als auch die Antikommunisten Heine für sich in Anspruch. Hierbei berief man sich in der Regel auf seine späten Schriften, zumal auf die »Geständnisse« von 1854 und auf die Lutezia-Vorrede von 1855. In beiden Arbeiten finden sich höchst beherzigenswerte Äußerungen, nur daß sich jede Seite gern heraussuchte, was ihr gerade paßte, und zuweilen zitierten beide Seiten dieselben Passagen, in denen dann allerdings jeweils andere Satzteile akzentuiert wurden.

So berief man sich häufig auf jene bemerkenswerte Feststellung in den »Geständnissen«, derzufolge »die mehr oder weniger geheimen Führer der deutschen Kommunisten . . . die fähigsten Köpfe, die energischsten Charaktere Deutschlands« seien. Sie, die »Doktoren der Revolution«, hielt Heine für »die einzigen Männer in Deutschland, die Leben in sich haben«[3], ihnen, glaubte er, gehöre die Zukunft. Allerdings fügte er bei dieser Voraussage die Worte »ich fürchte« ein.

Das Ganze war schon deshalb ein einigermaßen müßiges Spiel, weil Heine, wie jeder, der sich in der Mitte des vergangenen Jahrhunderts des Begriffs *Kommunismus* bediente, damit etwas anderes meinte und meinen mußte als wir heute. Man kann keine Stellungnahme Heines zum Marxismus erwarten, weil es den Marxismus noch nicht gab. Und es hatte wenig Sinn, auf seine positiven oder negativen Ansichten über den Kommunismus polemisch zu verweisen, weil dieser damals, also kurz nach Veröffentlichung des »Kommunistischen Manifests«, kaum mehr war als eine skizzenhaft umrissene Idee und eine hehre Vision. Von einer politischen Realität konnte noch keine Rede sein.

In einer Hinsicht war dieses Spiel doch aufschlußreich: Es zeigte, daß Heine sich mit einem Programm, mit einer Ideologie oder mit einer Organisation nicht identifizieren läßt. Denn was aus diesem Streit zwischen den Kommunisten und den Antikommunisten hervorgeht, gilt für alle politischen Richtungen und Ideen, für die sich Heine je interessiert hat. Es war ihm gelungen, sich jeder Festlegung, die seine Bewegungsfreiheit eingeschränkt hätte, zu widersetzen und ein Einzelgänger zu bleiben.

Er bewies – und das war damals neu und verblüffend –, daß es möglich ist, das, was wir heute das Establishment nennen, von der Position des freien Schriftstellers aus wirkungsvoll zu bekämpfen. Mit anderen Worten: daß es möglich ist, ein politischer Dichter zu sein, ohne ein dichtender Politiker zu werden. Er war ein engagierter Literat, aber von der direkten Tendenzdichtung wollte er nichts wissen. Er verspottete sie, weil er sie für zwecklos hielt. Auch wo ihm an unmittelbarem und raschem politischen Einfluß gelegen war, ließ er sich auf keine künstlerischen Zugeständnisse ein. Sein Werk widerlegte die Behauptung, daß man sich in den Elfenbeinturm zurückziehen müsse, wenn man ein Artist bleiben will.

Er war, alles in allem, der typische linke Schriftsteller. Doch den Linksradikalismus verabscheute und verachtete er gründlich. Und er fürchtete ihn. Früh faszinierten ihn materialistische Gedanken. »Haben Sie die Idee eines Mittagessens begriffen, mein Lieber? Wer diese begriffen hat, der begreift auch das ganze Treiben der Menschen«[4] – so heißt es schon in seinen 1822 veröffentlichten »Briefen aus Berlin«. Heine scheint dies nie vergessen zu haben.

In der im nächsten Jahr gedruckten Tragödie »William Ratcliff« läßt der junge Heine seinen Titelhelden von jenen reden, die selber im Überfluß schwelgen:

Und stolz herabsehn auf den Hungerleider,
Der, mit dem letzten Hemde unterm Arm,
Langsam und seufzend nach dem Leihhaus
wandert.
O seht mir doch die klugen, satten Leute,
Wie sie mit einem Walle von Gesetzen
Sich wohlverwahret gegen allen Andrang
Der schreiend überläst'gen Hungerleider!
Weh dem, der diesen Wall durchbricht!
Bereit sind Richter, Henker, Stricke, Galgen –
Je nun! manchmal gibt's Leut', die das nicht
scheun.

Hierauf wird ihm erwidert:

So dacht ich auch, und teilte ein die Menschen
In zwei Nationen, die sich wild bekriegen;
Nämlich in Satte und in Hungerleider.[5]

Wie Heine sein ganzes Leben lang für soziale Reformen kämpfte, so wurde er auch nicht müde, die Sinnenfreude gegen die Heuchelei und die Moral der Gesellschaft zu verteidigen und die Befreiung des Eros von einem widernatürlichen Zwang zu fordern. Gerade in unserer Zeit, da die im vergangenen Jahrhundert begonnene erotische Emanzipation vollendet zu sein scheint, sollte man nicht vergessen, daß Heine zu jenen gehört, die diesen Prozeß gegen den gewaltigen Widerstand der Öffentlichkeit, zumal der christlichen Kirchen, initiiert und die ihn wirkungsvoll unterstützt haben.

Aber was immer er forderte und bekämpfte, niemals konnte man ihm Dogmatik vorwerfen, niemals war er intolerant oder gar fanatisch. Damit mag es auch zusammenhängen, daß er zwar die Ziele von Marx und Engels im wesentlichen befürwortete, doch ihre Mittel ablehnte. Er war – trotz unterschiedlicher Äußerungen in dieser Frage – unzweifelhaft ein Gegner der Revolution.

Sein eigentliches Element war die Ambivalenz, jene freilich, die nichts mit Versöhnlichkeit oder gar Unentschiedenheit zu tun hat. Es war eine militante und aggressive Ambivalenz. Ein Genie der Haßliebe war er – und niemand haßte und liebte er mehr als die Deutschen und die Juden.

Es bereitete Heine einen geradezu wollüstigen Genuß, allen die Wahrheit zu sagen: den Juden und den Antisemiten, den Deutschen und den Deutschenfeinden, den Adligen und den Bürgern, den Katholiken und den Protestanten, den Verfolgern und den Verfolgten, den Poeten der Spätromantik und den Repräsentanten des Jungen Deutschland. Stets setzte er sich zwischen alle Stühle. Und fast will es mir scheinen, als sei da immer noch sein Platz.

Kann man sich wundern, daß er von Feinden umgeben war? Er brachte sie förmlich zur Raserei, weil er ihnen unentwegt demonstrierte, wozu sie sich meist nicht aufschwingen konnten: Unabhängigkeit. Daß er von dieser oder jener Seite Zuwendungen erhalten hatte, ist sicher und wurde ihm häufig vorgeworfen. Indes konnte ihm niemand nachweisen, daß er dafür irgendwelche Konzessionen gemacht hätte.

Nein, Heine stand nicht im Dienst eines Fürsten, einer Regierung oder eine Behörde, er war keiner Partei, keiner Kirche und auch keiner Zeitung verpflichtet, er hatte weder einen Herrn noch einen Auftraggeber. Obwohl ein politischer und zeitkritischer Autor, war er einzig und allein sich selber verantwortlich.

Gewiß kannte man schon vor ihm freie Schriftsteller. Heine war jedoch der erste, der die Existenz des freien Schriftstellers als Amt und Institution verstand. Und der dieser Institution in der deutschen Öffentlichkeit Geltung und Respekt verschaffte. Dies aber kam, zumal es um einen Juden ging, der auch noch viele Jahre hindurch aus dem Ausland wirkte, einer ungeheuerlichen Herausforderung gleich. Damals war es eine Herausforderung. Nur damals?

V.

Wer immer über Heine schreibt und glaubt, von der Tatsache absehen zu können, daß er Jude war – oder dieses Faktum bagatellisiert –, wird, ich bin davon überzeugt, das Thema verfehlen. Nicht nur auf seinen Lebensweg, auch auf das ganze Werk Heines hatte seine Herkunft einen direkten oder indirekten, doch auf jeden Fall außerordentlich starken Einfluß ausgeübt. Sie mußte ihn haben. Das mag eine sehr banale Feststellung sein, nur wird dieser Aspekt immer noch unterschätzt.

Man darf nicht vergessen, daß die Emanzipation der deutschen Juden erst zu Heines Lebzeiten begonnen hatte und aus verschiedenen Gründen zunächst zögernd und schleppend vollzogen wurde. So gehörte er zur ersten dem Getto entronnenen Generation. In diesem Sinne war er ein Neuankömmling und ein Parvenü – und wurde als solcher von seiner Umwelt, vor allem natürlich der deutschen, behandelt.

Ein Deutscher wollte er sein. Aber er scheint sehr schnell begriffen zu haben, daß man ihm dies nicht erlauben werde. Der kaum zweiundzwanzigjährige Student Heine bezeichnete – in einem kleinen Aufsatz »Die Romantik« – das deutsche *Wort* als »unser heiligstes Gut«, denn es sei »ein Vaterland selbst demjenigen, dem Torheit und Arglist ein Vaterland verweigern«.[6]

In einem ganz anderen Zusammenhang schrieb er viele Jahre später, daß die Juden die Bibel »im Exile gleichsam wie ein portatives Vaterland mit sich herumschleppten«.[7] – Gewiß, das Deutsche – die Sprache, die Literatur, die Philosophie, die Geschichte – erwies sich, wie Heine wiederholt betonte, als sein Lebenselement. Nur daß er genötigt war, sich aus dem Deutschen nicht mehr und nicht weniger als eben ein »portatives Vaterland« zu schaffen.

Diese besondere Situation des Juden innerhalb der deutschen Gesellschaft vermochte Heine zu sublimieren und zu kompensieren und – wie keiner vor ihm und wie nach ihm nur einer: Kafka – für sein Werk zu nutzen. Er machte also aus der Not eine Tugend, wobei die Frage, wann und inwiefern es sich um einen bewußten Prozeß handelte, irrelevant ist.

1824 bemerkte der junge Heine, sein zweites Buch – die Tragödien »Almansor« und »Ratcliff« nebst einem lyrischen Intermezzo – sei im Unterschied zu seinem ersten »nur innerlich deutsch«. Und er erklärte: »Daß aus Unmut gegen das Deutsche meine Muse sich ihr deutsches Kleid etwas fremdartig zuschnitt, ist wahrscheinlich.«[8] Was er Unmut nannte, war nichts anderes als die ihm von der deutschen Umwelt aufgezwungene kritische Distanz. Diese aber half ihm zu überwinden, woran ein großer Teil der deutschen Literatur seiner Epoche litt: den Provinzialismus.

Nichts Deutsches war dem Juden Heine fremd, Deutschland jedoch nötigte ihn, mehr als ein deutscher Autor zu werden. Was einem Mörike, einem Eichendorff versagt blieb und worauf sie freilich auch nicht angewiesen waren, gelang ihm: Er wurde ein europäischer Schriftsteller – der einzige wohl, den Deutschland zwischen Goethe und Thomas Mann hatte.

Wie sehr er an seiner Situation, an seinem Judentum und an seinem Deutschtum, gelitten hat, können wir nur ahnen. Man hielt ihn für einen Poseur und Komödianten. In der Tat rettete er sich mitunter ins Komödiantische. Und er brauchte die Pose, um das Leben bestehen zu können. Er stilisierte seinen Schmerz, um ihn zu ertragen. Bisweilen wurde die Stilisierung peinlich. Doch der Schmerz war deshalb nicht weniger echt.

Am häufigsten suchte er Schutz bei der Ironie. Auch das, was manche für seinen Zynismus hielten, diente ihm nur als Maske oder Zuflucht. Er war weder ein Zyniker noch ein koketter Dandy oder ein eitler Troubadour – auch wenn er sich gelegentlich in diesen Rollen gefiel. In Wirklichkeit gehörte er – wie Kleist und Hölderlin, wie Kafka – zu den einsamen und zerrissenen, zu den tragischen Figuren der deutschen Literatur.

Nirgends kommt die Einsamkeit des Juden Heine unter den Deutschen stärker zum Vorschein, nirgends wird seine Verzweiflung deutlicher spürbar als gerade in jenem Teil seines Werks, in dem von Juden überhaupt nicht die Rede ist – in seiner erotischen Dichtung.

Sie spricht immer wieder – anders als die Lyrik etwa Goethes – von enttäuschter und unglücklicher Liebe, von den Leiden des Verschmähten und des Abgewiesenen. Unterscheiden sie sich gar von den Qualen eines verliebten Nichtjuden? Nein, natürlich nicht. Schon die Tatsache, daß ganze Generationen von Deutschen, von Franzosen und Russen, die ja in ihrer überwiegenden Mehrheit keine Juden waren, in seinem »Buch der Lieder« ihre intimsten Erlebnisse wiedererkennen konnten und daß sich die Liebenden ein Jahrhundert lang von Heineschen Versen führen oder, meinetwegen, verführen ließen, beweist, daß er den Ausdruck für die Empfindungen von Millionen gefunden hatte. Dies aber hat mit seinem Judentum zu tun.

Die besondere Situation des in der Gesellschaft isolierten und um seine bürgerliche Anerkennung kämpfenden Juden, des von Komplexen bedrängten und stets den Widerstand oder die Schikanen der Umwelt befürchtenden Neuankömmlings oder Parvenüs steigerte und vervielfachte auch seine Liebesleiden. Diese spezifische Lage, für die Heine das empfindlichste und reizbarste Sensorium hatte, gab seiner erotischen Lyrik einen neuen und scharfen Akzent, eine bisher unbekannte Dimension.

Während sich die anderen – Max Brod hat darauf hingewiesen – aus solchen Leiden immerhin in eine Gemeinschaft flüchten konnten, war dem Juden, der ein Deutscher sein wollte, dieser Ausweg versperrt. Denn »Heine steht allein, ohne Hintergrund. Das Judentum in seinem damaligen Entwicklungsstadium bot keine Eingliederungsmöglichkeiten, keinen Trost. Die jüdische Situation verschlimmerte vielmehr noch den Einsamkeitsaffekt, den die verschmähte Liebe hervorrief.«[9]

So erweist sich als geheimer Untergrund der erotischen Dichtung Heines die Entfremdung des Juden: Die hoffnungslose Liebe wird zum Sinnbild der Situation des Ausgeschlossenen, des Verstoßenen und Heimatlosen.

Als letzte Verteidigungswaffe und als Rettungsring blieb ihm auch hier die Ironie, genauer gesagt, die melancholische Selbstironie. Daraus ergab sich, was Heine weltberühmt gemacht hatte: das Elegisch-Alarmierende der Verse, die seine Verzweiflung mit größter Suggestivität und doch ohne Hysterie artikulierten und zugleich mit Geist und Grazie relativierten.

Mit Heines Judentum hat auch die widerspruchsvolle und höchst zwiespältige Wirkungsgeschichte seines Werks in Deutschland zu tun. Machen wir uns nichts vor: Es ist nur partiell und sehr bedingt rezipiert und schließlich eben nicht integriert worden.

Weil Heine Jude war? Der Popularität des Violinkonzerts von Mendelssohn und seiner Musik zum »Sommernachtstraum« stand bis 1933 das Judentum des Komponisten nicht im Wege. Berthold Auerbach war, obwohl Jude, einer der erfolgreichsten deutschen Schriftsteller seiner Zeit. Schließlich wurden viele Verse Heines, zumal jene, die Schubert und Schumann, Mendelssohn-Bartholdy, Brahms und Hugo Wolf vertont hatten, vom deutschen Publikum enthusiastisch akzeptiert.

Aber so gewiß Heine mit manchen seiner Arbeiten den Erwartungen der Leser entsprach und ihrem Geschmack auf bisweilen höchst bedenkliche Weise entgegenkam, so sicher ging er mit dem größeren und ungleich bedeutenderen Teil seines Werks – mit der späten Lyrik und mit seiner gesamten Prosa – eigene und eigenwillige Wege. Er ignorierte die Rezeptionsgewohnheiten des deutschen Publikums. Was er ihm zumutete, empfand es offenbar als fremd und schockierend. Es wollte sich von ihm nicht brüskieren lassen.

Nicht den Juden also lehnte man ab, sondern den Juden, der ein Provokateur war, ein ewiger Ruhestörer. Doch müßte man blind sein, um nicht zu sehen, daß Eigenart und Besonderheit seines Werks zusammenhängen mit Heines Herkunft und mit seiner Situation als Repräsentant der ersten Generation emanzipierter deutscher Juden.

VI.

Wer in Deutschland über Heine schreibt, schreibt immer noch für oder gegen Heine. Noch hat man ihn nicht ins Museale entlassen, noch ist der Streit nicht beendet. So wirkt Heine – ähnlich wie Karl Marx, ähnlich wie Richard Wagner – tief ins zwanzigste Jahrhundert hinein.

In der Tat scheint es mir angebracht, die Bedeutung des Lyrikers und Satirikers, des politischen Autors und des Journalisten Heine für die deutsche Literatur mit jener zu vergleichen, die Marx für die deutsche Philosophie und Wagner für die deutsche Musik haben. Nur daß die Genialität Heines noch nicht ganz erkannt wurde.

Aber es spricht nicht gegen ihn, daß sein Werk uns immer wieder beunruhigt. Daß es noch ist, was es war: eine Provokation und eine Zumutung.

Der Artist als Kritiker

(1986)

Als man 1956 in den beiden deutschen Staaten, dem Kalender gehorchend und vom schlechten Gewissen getrieben, den hundertsten Todestag Heinrich Heines feierte, da wollte Theodor W. Adorno von einer Festrede nichts wissen, er hielt bloß einen kurzen Rundfunkvortrag. Wer zum Gedächtnis dieses Dichters ernsthaft beitragen möchte, der müsse – meinte Adorno – von jener »Wunde Heine« sprechen, die immer noch und erst recht nach 1945 Schmerzen bereite. Gewiß, sie werde sich schon schließen, aber erst in einer Welt, in der keiner mehr ausgestoßen wäre, erst in einer Gesellschaft, welche die Versöhnung vollbringe.[1]

In den vergangenen Jahrzenten sind wir einer solchen Welt, einer solchen Gesellschaft mit Sicherheit nicht näher gekommen: Selbst die Jüngsten unter uns machen sich, so scheint es, keine Illusionen mehr. Die Vokabel *Utopie,* die sich noch unlängst einer schon ärgerlichen Beliebtheit erfreute, hat ihre Modernität erstaunlich schnell eingebüßt. Doch die Zeit, behauptet ein altes

Sprichwort, heilt alle Wunden. Also auch die Wunde Heine?

Als einer der deutschen Schriftsteller unserer Tage, Heiner Müller, 1985 den Georg-Büchner-Preis erhielt, sagte er in einer poetischen Rede: »Die Wunde Heine beginnt zu vernarben«, und fügte rasch hinzu: »schief«[2]. Ja, wenn diese Wunde tatsächlich vernarbt, dann eben nur schief. Anders kann und darf sie nicht vernarben – es sei denn, wir wären bereit, all das, was Heine zu seinen Lebzeiten und danach widerfahren ist, leichtsinnig zu vergessen. Freilich ist diese Gefahr nicht groß: Sein Werk läßt sich nicht vergessen, und es widersteht nach wie vor dem Verdrängungsprozeß. Allein in dem sehr deutschen und immer aufs neue schwelenden Streit, was die Kunst eigentlich in der Politik und, umgekehrt, die Politik in der Kunst zu suchen habe, ist Heine – laut Peter Rühmkorf – »ein bleibender Erhitzungsgegenstand«.[3] Mit Büchner und Kafka gehört er zu den wenigen deutschen Dichtern, die Denkmäler nicht brauchen und die auf Festreden glücklicherweise nicht angewiesen sind.

Man hat ihn den »freiesten Deutschen nach Goethe« genannt. Das ist ein schönes und höchst schmeichelhaftes Wort, Heine selber hat es gelegentlich zitiert.[4] Nur trifft es leider nicht zu. Ein freier Mensch war dieser Jude aus Düsseldorf niemals – und er konnte es gar nicht sein. Denn er war ein Ausgestoßener, und er ist, trotz seiner überwältigenden Erfolge, ein Ausgestoßener geblieben. In dem 1980 erschienenen Katalog zu einer Heine-Ausstellung in seiner Geburtsstadt werden wir informiert: »Heines Kindheit und Schulzeit in Düsseldorf verliefen glücklich und unbeschwert.«[5] Das glaube ich nicht. Gab es denn in der ersten Hälfte des neunzehnten Jahrhunderts auch nur einen einzigen Juden in Deutschland, der, wie Heine, eine deutsche, eine christliche Schule besucht hat und dessen Kindheit, dessen Jugend glücklich und unbeschwert verlaufen wäre?

Es stimmt, daß es gerade in Düsseldorf – übrigens vornehmlich dank der französischen Besatzung – liberal zuging und daß das geistige Klima dort verhältnismäßig tolerant war. Aber ebenso sicher ist es, daß der junge Heine von seinen Mitschülern (und wahrscheinlich nicht nur von ihnen) drangsaliert wurde. Wenn er in seinen Memoiren darauf nur beiläufig zu sprechen kommt, so gewiß deshalb, weil er nicht viel Aufhebens von Schikanen machen wollte, die sich harmlos ausnahmen im Vergleich mit jenen, denen er später ausgesetzt war. Er muß schon sehr bald in Düsseldorf und in Frankfurt Bitteres erfahren und erlitten haben. Wie sonst sollte man es sich erklären, daß sein Leben von Anfang an im Zeichen jener Angst stand, von der er sich nie befreien konnte – der Angst vor dem Judenhaß.

In einem seiner frühesten erhaltenen Briefe schreibt der erst achtzehnjährige Heine von den

Spannungen zwischen den Christen und den Juden im Hamburg: »Bey so bewandten Umständen« – heißt es weiter – »läßt sich leicht voraussehen, daß Christliche Liebe die Liebeslieder eines Juden nicht ungehudelt lassen wird.«[6] Kaum zwei Jahre später veröffentlicht Heine, mittlerweile Student in Bonn, seine erste literarkritische Arbeit, einen kleinen Aufsatz über die Romantik. Das deutsche Wort feiert er hier als »unser heiligstes Gut«. Warum? Seine Begründung scheint mir keineswegs selbstverständlich. Denn es ist die Begründung eines Juden. Sie lautet: Das deutsche Wort sei »ein Vaterland selbst demjenigen, dem Torheit und Arglist ein Vaterland verweigern«[7].

Da haben wir schon Heines ganze Misere. Er bildet sich nicht ein, man würde ihn als einen Deutschen mosaischen Glaubens anerkennen. Er weiß sehr wohl, daß man ihm ein Vaterland verweigert – und er protestiert nicht. Aber er kapituliert auch nicht. Nicht ein Deutscher will er sein, sondern weniger und mehr – nämlich ein deutscher Dichter. Ausgestoßen und zur Heimatlosigkeit verurteilt, will er sich um jeden Preis dort einen Platz sichern, wo er glaubt, eine Ersatzheimat, eine Art Vaterland gefunden zu haben: in der deutschen Sprache, in der deutschen Literatur. Mit diesem Ziel vor Augen debütiert er in den zwanziger Jahren des vorigen Jahrhunderts mit Versen und mit Prosa, die ihn beinahe über Nacht berühmt machen. Und hier, in dem dichterischen

Kampf ums Dasein, sind die tiefsten Wurzeln seiner berüchtigten Aggressivität.

Es versteht sich, daß er die Spielregeln des literarischen Lebens kennt und auch mit bösen Kritiken rechnet. Er werde sie schon ertragen – schreibt er 1823 an Karl Immermann –, nur eines könne ihn aufs schmerzlichste verletzten: »Wenn man den Geist meiner Dichtung aus der Geschichte (Sie wissen, was dieses Wort bedeutet), aus der Geschichte des Verfassers erklären will.«[8] So umständlich drückt sich Heine aus, wenn er sagen will, er fürchte, man werde seine deutschen Verse als Produkte eines Juden interpretieren. Zwei Wochen später bittet er einen anderen Freund, ihn doch sogleich zu informieren, wenn ihn die Zeitungen angreifen sollten, »besonders in Hinsicht der Religion«.[9]

Schon damals, in den frühen zwanziger Jahren, spielt Heine mit dem Gedanken, Deutschland zu verlassen. Seine Briefe muten, sobald er auf Deutsches zu sprechen kommt, beinahe hysterisch an. Da zerrt einer an den Ketten, von denen er sich nie frei machen wird: »Alles was deutsch ist, ist mir zuwider . . . Alles Deutsche wirkt auf mich wie ein Brechpulver. Die deutsche Sprache zerreißt meine Ohren. Die eigenen Gedichte ekeln mich zuweilen an, wenn ich sehe, daß sie auf deutsch geschrieben sind.« Vor lauter Ekel setzt er diesen Brief in französischer Sprache fort – um natürlich doch zum Deutschen zurückzukehren: »O Christian, wüßtest Du, wie meine Seele nach Frieden lechzt, und wie sie doch täglich mehr und mehr zerrissen wird. Ich kann fast keine Nacht mehr schlafen.«[10]

Was meint er denn, wenn er vom Frieden redet, nach dem seine Seele lechze? Nichts anderes als den Frieden mit seiner deutschen Umwelt. Er hört nicht auf zu hoffen, man werde ihn schließlich aufnehmen und integrieren, denn: »Ich habe nicht die Kraft einen Bart zu tragen, und mir Judenmauschel nachrufen zu lassen . . .«[11] In einem anderen Brief findet sich der Aufschrei. »Wär ich ein Deutscher – und ich bin kein Deutscher . . .«[12] Er werde, klagt er, »auf vielfache Weise gereizt und gekränkt«, man lasse »die Wogen des Judenhasses« gegen ihn anbranden, ihre Wirkung spüre er von allen Seiten.[13]

So fühlt er sich umstellt und verfolgt – und dies um so mehr, je deutlicher er begreift, daß er sich vom Deutschen nie werde lösen können. Er, der noch unlängst geschrieben hatte, daß ihm alles Deutsche zuwider sei, erkennt nun, 1824, resigniert und stolz zugleich: »Ich weiß nur zu gut, daß mir das Deutsche das ist, was dem Fische das Wasser ist, daß ich aus diesem Lebenselement nicht heraus kann . . . Ich liebe sogar im Grunde das Deutsche mehr als alles auf der Welt, ich habe meine Lust und Freude dran, und meine Brust ist ein Archiv deutschen Gefühls . . .«[14] Von Martin Walser stammt die Formulierung, die den Sachverhalt haarscharf trifft: »Heine brachte es in seinem Leben zu zwei Identitäten: zu der eines deutschen Dichters und zu der eines Juden. Aber zwei Identitäten, das ist weniger als eine.«[15]

Vergessen wir es nicht: Er gehörte zur ersten dem Ghetto entronnenen Generation. Deutsch war Heines Muttersprache. Aber es war nicht die Sprache seiner Mutter; ihr Idiom war jenes in hebräischen Lettern geschriebene Judendeutsch, das sich in den Ghettos gebildet hatte und das dann, als sie aufgelöst wurden, rasch abstarb. Diese erste Nach-Ghetto-Generation mußte erfahren, daß die Empanzipationsdekrete, die den Juden die bürgerliche Gleichberechtigung zusicherten, nur Verwaltungsakte waren, deren Verwirklichung die Behörden ebenso ablehnten wie die christlichen Kirchen – von der Bevölkerung ganz zu schweigen.

Auch als es keine Ghettos mehr gab, sollten also die Juden entweder Ghetto-Juden bleiben oder zum Christentum übertreten. Wer nicht diskriminiert sein wollte oder gar an deutscher, an europäischer Kultur teilzunehmen wünschte, hatte keine andere Möglichkeit, als sich taufen zu lassen. Das gilt für Rahel Varnhagen, geborene Levin, ebenso wie für Henriette Herz, für Abraham Mendelssohn, den Sohn von Moses Mendelssohn und den Vater von Felix Mendelssohn-Bartholdy, ebenso wie für Ludwig Börne und schließlich für Heinrich Heine.

Gerade Heine hat nie verheimlicht, daß es taktische, gesellschaftliche und berufliche Gründe waren, die ihn veranlaßten, Mitglied der protestantischen Kirche zu werden. Die Taufe geschah in aller Stille, in der Wohnung des Pfarrers – so nachzulesen in dem Kirchenbuch der evangelischen Gemeinde zu St. Martin in Heiligenstadt. Bei der Zeremonie war nur noch eine einzige Person zugegen: ein als Pate fungierender Theologe. Offensichtlich sollte sich das Ganze möglichst unauffällig und schnell abspielen. Wenige Monate später schrieb Heine in einem Brief: »Ich versichere dich, wenn die Gesetze das Stehlen silberner Löffel erlaubt hätten, so würde ich mich nicht getauft haben.«[16]

Der Taufzettel war, seiner berühmten Formulierung zufolge, nichts anderes als »das Entréebillett zur europäischen Kultur«[17] – also auch zur deutschen. Da allerdings erwies sich dieses Dokument als wenig nützlich. Heine mußte eine Enttäuschung nach der anderen erleben, denn: »Ich bin jetzt bey Christ und Jude verhaßt. Ich bereue sehr, daß ich mich getauft hab; ich seh noch gar nicht ein, daß es mir seitdem besser gegangen sey, im Gegentheil, ich habe seitdem nichts als Unglück.«[18]

Alle seine Bemühungen um einen Posten bleiben vergeblich: Niemand will den in Göttingen promovierten Juristen beschäftigen. Etwa ein Jahr nach der Taufe drängt es Heine wieder einmal, »dem deutschen Vaterland Valet zu sagen«. Es treibt ihn von hinnen »die Qual persönlicher Verhältnisse (z.B. der nie abzuwaschende Jude)«[19]. Gleichwohl verläßt er Deutschland nicht – und das mag mit seinen außerordentlichen literarischen Erfolgen zu tun haben.

In rascher Folge erscheinen jetzt drei Bände: der erste und der zweite Teil der »Reisebilder« und das »Buch der Lieder«. Heine ist in aller Munde, er wird in ausführlichen Besprechungen gewürdigt und gelobt und freilich auch immer wieder angegriffen und geschmäht. Verwunderlich ist das nicht, Attacken gehören zum literarischen Leben, und je berühmter ein Autor, desto weniger wird er geschont. Überdies: Alles verzeihen die Schriftsteller ihren Kollegen, alles – nur nicht den Erfolg.

Aber es läßt sich nicht übersehen, was man Heine am häufigsten vorgeworfen, was man ihm offenbar am meisten verübelt hat: Es ist seine jüdische Herkunft. Als er vorübergehend Mitherausgeber der »Neuen allgemeinen politischen Annalen« war, konnte man in der katholischen Zeitschrift »Eos« – sie wurde in München publiziert – über Heine lesen: »Während andere seiner Stammesgenossen ihre israelitische Abkunft sorgfältig zu verbergen suchen, gibt sich unser Herr Politiker ganz unverhohlen als Juden zu erkennen . . .«[20] Das scheint mir eine beispielhafte Äußerung. Ihr läßt sich nicht entnehmen, was der Autor, übrigens ein Kirchenhistoriker, denn eigentlich für wünschenswert hält: Sollten also die

Juden ihre Herkunft verbergen, oder sollten sie sich zu ihr offen bekennen? Sicher ist: Was immer sie taten – sie wurden beschimpft.

Damit war für Heine ebenjene Situation entstanden, die er von Anfang an gefürchtet hatte: Man wollte den Juden, ob getauft oder nicht, als deutschen Dichter nicht gelten lassen. Das »Buch der Lieder« war ein Sieg sondergleichen, doch vielleicht nur ein Pyrrhussieg. Es war ein Triumph, doch auf gefährlich schwankendem Boden. Jedenfalls wuchsen zusammen mit der Zahl seiner Leser auch Heines Unsicherheit und Gereiztheit, genauer: seine Angst vor Deutschland und den Deutschen.

In diesem Augenblick trifft ihn ein Schlag, mit dem er nicht gerechnet hat: Daß er in aller Öffentlichkeit als Jude verhöhnt wurde, daran hatte sich Heine mittlerweile wohl gewöhnt. Überraschen mußte ihn hingegen die Tücke des neuen Angriffs. Mehr noch: Diesmal versetzte ihm den Hieb nicht ein Kritiker, ein Journalist oder ein Professor, sondern ein Poet, also ein Rivale: August Graf von Platen-Hallermünde.

Die Heine-Platen-Kontroverse, eine der heftigsten Auseinandersetzungen in der Geschichte der deutschen Literatur, wurde schon oft interpretiert, meist eher zuungunsten Heines. Sie gilt sogar als ein besonders düsteres Kapitel seiner auch sonst von Flecken nicht freien Biographie.

Die Fakten sind bekannt und vielfach belegt.

Karl Immermann hatte eine Anzahl nicht gerade geistreicher Epigramme verfaßt, die er, großen Vorbildern folgend, Xenien nannte; er verspottete unter anderem »östliche Poeten«, solche nämlich, die orientalische lyrische Formen nachahmten. Natürlich meinte Immermann den Autor des »West-östlichen Divans«, aber auch Rückert und Platen konnten es auf sich beziehen. In der Tat war Platen tief gekränkt und schlug zurück – mit einer dramatischen Satire, »Der romantische Oedipus«, in der er keineswegs nur Immermann angriff. Da war noch ein anderer im Spiel: Heine, der diese Epigramme veröffentlicht hatte, und zwar im zweiten Band seiner »Reisebilder«, als Anhang.

Platen kannte Heines Werke, wie er in seinen Briefen zugab, überhaupt nicht – und doch war dieser ein Dorn in seinem Auge. Wenn er ihn erwähnte, dann sprach er immer vom *Juden* Heine oder auch vom schamlosen Juden. Bezeichnenderweise war er, wie er seinem Freund, dem Grafen Fugger, mitteilte, durchaus bereit, Immermann die Xenien zu verzeihen – daß aber Heine sie aufgenommen habe, sei »nicht verzeihlich« und »eine echt jüdische Handlungsweise«. Schon vorher hatte Platen geschrieben, er, der Größere, sei imstande, Heine zu »zerquetschen«[21].

Es ging hier also nicht um die Xenien Immermanns, in denen übrigens der Name Platen kein einziges Mal genannt wurde, vielmehr dienten sie als Vorwand und Anlaß für eine literarische Offensive: Platen hatte es auf die Bloßstellung seines, wie er meinte, gefährlichsten Konkurrenten abgesehen. Dies aber war eben nicht Immermann, sondern Heine. Platen, kein anderer, hatte den berüchtigten Streit mutwillig und leichtfertig begonnen. Und er attackiert in seiner Satire und in seinen etwa gleichzeitig veröffentlichten Distichen immer wieder einen einzigen Umstand: Heines Judentum. Dies sind die Ausdrücke, mit denen er ihn bedenkt: »Samen Abrahams«, »Petrark des Laubhüttenfests«, »Synagogenstolz«, »hebräischer Witzling« und »des sterblichen Geschlechts Allerunverschämtester«. Auch ist davon die Rede, daß Heine »Knoblauchsgeruch« absondere, sogar die Beschneidung wird nicht ausgespart, wir hören von seinem »verstümmelten Teil«.[22]

Beabsichtigte Platen, Heine aus Deutschland zu vertreiben? Nein, es hätte ihm wahrscheinlich gereicht, ihn aus dem deutschen literarischen Leben zu verjagen. Wollte er also den Dichterwald »judenfrei« haben? Ihn störte wohl weniger der Jude als vor allem der Jude, dessen Gedichte ein ungleich stärkeres Echo hatten als seine eigenen. Aber indem er das Judentum des seiner Ansicht nach zu Unrecht erfolgreicheren Rivalen brutal verhöhnte, glaubte er, das Publikum und die öffentliche Meinung auf seiner Seite zu haben. Diese Rechnung ging nur teilweise auf, manche zögerten nicht, ihm den Stil seiner Attacke zu verübeln.

Platen verteidigte sich mit der so hochmütigen wie höhnischen Bemerkung, Heines Judentum sei für ihn »kein moralisches Gebrechen, aber ein komisches Ingrediens«[23]. Für Heine war das wahrscheinlich nicht komisch. Hätte ihm Platen nur sein Deutschtum abgesprochen – es hätte ihn amüsiert. Indes fühlte er sich tödlich getroffen, weil hier seine gesamte Existenz als deutscher Dichter in Frage gestellt wurde. Ihm blieb gar nichts anderes übrig, als sich sofort zu wehren.

Man hat Heine immer wieder vorgeworfen, seine Polemik gegen Platen im dritten Teil der »Reisebilder« halte sich nicht an die Regeln des Anstands und der Fairneß. Daß er, ähnlich wie sein Gegenspieler, *ad personam* argumentierte, hat niemanden sonderlich verwundert. Daß er über den Poeten Platen herfiel, hätte man ihm gewiß verziehen. Daß er sich auch über den Adligen lustig machte, gefiel schon weniger, zumal ihm Heine überflüssigerweise auch die Armut ankreidete. Der Stein des Anstoßes war anderswo zu suchen: Heine hatte keine Bedenken, Platens Homosexualität dem Gelächter preiszugeben. Durfte er das?

Platen hatte scharf geschossen, Heine ihm mit der gleichen Waffe geantwortet. Der sich als stinkender Jude beschimpft hörte, nannte den anderen einen warmen Bruder. Hatte Platen über Heines beschnittenen Penis gespottet, so erlaubte sich Heine Anspielungen auf Platens Analsphäre.

Schöne Methoden? Nein, gewiß nicht. Doch darf man wohl in diesem Zusammenhang einen längst vergessenen Kritiker zitieren – Carl Herloßsohn, der 1830 in der Leipziger Zeitschrift »Der Komet« urteilte: »In der *Art*, wie Heine angegriffen wurde von Platen, lag auch schon die Art, wie er sich verteidigen mußte.«[24] Diese Kontroverse war – Heine sagte es in einem Brief – kein »scherzendes Turnier«, sondern ein »Vernichtungskrieg«[25]. Der sich hier dem Anschein nach nur gegen Platen verteidigte, verteidigte sich in Wirklichkeit zugleich gegen alle, die ihn – und es waren Unzählige – direkt oder indirekt als Juden bedrängt und begeifert hatten.

Aber inmitten der argen Invektiven gegen Platen gibt es in dieser Polemik auch eine erstaunliche Passage: Sie läßt vermuten, daß Heine für seinen aristokratischen Todfeind mehr Verständnis hatte, als er eingestehen wollte. Er versuchte, die Künstlichkeit und die gleichsam marmorne Glätte der Poesie Platens mit dessen Veranlagung zu erklären. »Der Mangel an Naturlauten in den Gedichten des Grafen rührt vielleicht daher, daß er in einer Zeit lebt, wo er seine wahren Gefühle nicht nennen darf, wo dieselbe Sitte, die seiner Liebe immer feindlich entgegensteht, ihm sogar verbietet, seine Klage darüber unverhüllt auszusprechen, wo er jede Empfindung ängstlich verkappen muß . . .«[26]

Es mag auch sein, daß Heine, besser als Platen,

ahnte, was sie, allen gegenseitigen Beschimpfungen zum Trotz, miteinander verband: Fürchtete der eine die Diskriminierung als Jude, so der andere die gesellschaftliche Ächtung als Homosexueller. Beide wollten sie glauben, bedeutende literarische Leistungen würden genügen, um in den Augen der Öffentlichkeit jenen Makel zu tilgen, an dem sie fortwährend litten, also den Makel der jüdischen Herkunft und den der homosexuellen Veranlagung. Beide sahen sie sich gezwungen, Deutschland zu verlassen. So sind denn auch ihre Gräber im Ausland: Heines in Paris, Platens in Syrakus.

In einer Hinsicht freilich hat sich Heine in dieser unbarmherzigen Polemik geirrt. Ihr Refrain lautet nämlich: »Der Graf Platen ist kein Dichter.«[27] Doch manches spricht dafür, daß er Platen, dessen lyrische Qualität außer Frage steht und über dessen Werk er gut informiert war, nicht verkannt hat, sondern daß er ihn aus taktischen Gründen verkennen wollte. Denn Heine war in Sachen Literatur ein unvergleichbarer Experte. Unvergleichbar – das zielt auf beides ab: auf den Rang seiner Literaturbetrachtung und auf ihre Eigenart.

Seine Kritik, liest man oft, sei aus politischer Sicht geschrieben und vom politischen Standpunkt bestimmt. Woher stammt dieses Urteil, das nur ein Vorurteil ist? In einem Brief Heines aus dem Jahre 1827 heißt es, in der Zeitschrift, die er in München für Cotta herauszugeben plane, werde »Critik englischer und deutscher Literatur aus dem Standpunkt der Politik« im Vordergrund stehen.[28] Aus dieser Äußerung hat man kurzerhand Heines literarkritisches Programm abgeleitet, ohne indes berücksichtigen zu wollen, daß es sich um eine Zeitschrift handelte, deren Titel lautete: »Neue allgemeine *politische* Annalen«. In einer solchen Zeitschrift konnte Literatur natürlich nur unter politischem Aspekt behandelt werden.

Er habe es, schreibt Heine in seinen »Geständnissen«, »auf dieser schönen Erde zu nichts gebracht. Es ist nichts aus mir geworden, nichts als ein Dichter.« Aber man sollte ihn nicht der falschen Bescheidenheit verdächtigen, denn er fügt gleich hinzu: »Man ist viel, wenn man ein Dichter ist, und gar wenn man ein großer lyrischer Dichter ist in Deutschland, unter dem Volke, das in zwei Dingen, in der Philosophie und im Liede, alle andern Nationen überflügelt hat.«[29]

So ist es: Heine war vor allem ein Dichter, und Kunst und Poesie haben ihn – allen gegenteiligen Behauptungen zum Trotz – mehr interessiert als Politik und Gesellschaft. Börne fragte ihn, wohin er denn nach der Ankunft in Paris zuerst gegangen sei, und nahm wohl an, er habe die Denkmäler der unfernen französischen Vergangenheit aufgesucht. Aber Heine mußte ihn enttäuschen. Denn sein erster Gang führte ihn in die *Bibliothèque royale.* Er wollte die dort aufbewahrten Manuskripte der Manessischen Liederhandschrift sehen.

Die Verse des Walther von der Vogelweide waren ihm wichtiger als das Panthéon.

Gern beruft man sich auf Heines Charakteristik der Schriftsteller des Jungen Deutschland, die keinen Unterschied zwischen Leben und Schreiben machen wollen und die nimmermehr die Politik von der Wissenschaft und der Kunst trennen: Sie seien »Gelehrte, Künstler und Apostel« in einem. So hieß es ursprünglich, aber für die endgültige Fassung der »Romantischen Schule« korrigierte er die seither vielzitierte Formulierung: Die Vokabel »Gelehrte« wurde durch »Tribune« ersetzt und das Wort »Künstler« jetzt an die Spitze gestellt.[30]

Kein Zweifel, er sah den Schriftsteller vor allem als Künstler, er glaubte an das Artistische und maß der Inspiration die höchste Bedeutung bei. Er war der letzte, Vernunft und Intelligenz zu unterschätzen, nur schrieb ihnen Heine bei der Entstehung des Kunstwerks eher eine kontrollierende Funktion zu. Sein Wahlspruch, mit dem er sich 1838 von manch einer seiner früheren Äußerungen distanzierte, findet sich in einem Brief an Karl Gutzkow: »Kunst ist der Zweck der Kunst, wie Liebe der Zweck der Liebe, und gar das Leben selbst der Zweck des Lebens.«[31]

Die Geschichten der großen Männer seien, Heine zufolge, immer Märtyrerlegenden gewesen. Doch wofür litten sie denn? Für Deutschland, für Europa, für die Menschheit? Derartiges wollte er uns niemals einreden, vielmehr erklärte er, daß sie

»für ihre eigene Größe« litten, für »die große Art ihres Seins«[32]. Auch der Dichter ist in seinen Augen ein Märtyrer und überdies einer, der zwei Epochen repräsentiere – die eigene und die künftige. In seiner Brust liege schon das Abbild der Zukunft seines Volkes, und ein Kritiker, »der mit hinlänglich scharfem Messer einen neuen Dichter sezierte, könnte, wie aus den Eingeweiden eines Opfertiers, sehr leicht prophezeien, wie sich Deutschland in der Zukunft gestalten« werde.[33]

Aber war Heine ein Kritiker? Er hat neben unerheblichen und eher um des Geldes willen verfertigten Arbeiten wie »Shakespeares Mädchen und Frauen« auch ein so hochbedeutendes Buch wie »Die romantische Schule« geschrieben. Viel findet sich über Literatur in seinen Reisebildern und Erinnerungen, ebenso in den kleineren Aufsätzen, in seinen Briefen und Korrespondentenberichten und nicht zuletzt in seiner »Geschichte der Religion und Philosophie in Deutschland«. Gleichwohl läßt sich die Frage, ob er denn auch ein Kritiker war, nicht so leicht entscheiden.

Heine selber hat bei verschiedenen Gelegenheiten ohne Reue verkündet: »Ich bin kein Gelehrter.«[34] Das stimmt. An einer systematischen Darstellung der Literatur war ihm nie gelegen, um die Analyse eines Kunstwerks hat er sich, wenn man von zwei oder drei gründlichen, doch eher glanzlosen Rezensionen absieht, niemals bemüht. Wer also glaubt, zur Literaturkritik gehöre auch eine wissenschaftliche Komponente, wird bei Heine nicht auf seine Rechnung kommen. Indes gibt es da noch einen anderen Umstand, der seine Bedeutung als Literaturkritiker wenn auch nicht in Frage stellt, so doch ein wenig beeinträchtigt. Kritiker, bemerkte Heine nicht ohne Witz, seien wie Lakaien vor der Saaltüre bei einem Hofball: Zwar können sie unberechtigte Leute abweisen und andere einlassen, aber sie selbst, die Türsteher, dürfen nicht hinein.[35] Das klingt geringschätzig und mag nicht frei von Schadenfreude sein. Dennoch trifft dieses Bonmot den Nagel auf den Kopf.

In der Tat, wir Kritiker sind die Diener der Literatur, wir sollen, wie jene Türsteher, für etwas Ordnung sorgen und vor allem dafür, daß die Scharlatane und die Nichtskönner gleich am Eingang abgewiesen werden, damit die guten Tänzer im Saale immer Platz genug haben. Wir selber nehmen am Ball nicht teil, es sei denn als Beobachter, irgendwo am Rande oder eben in der Nähe der Tür. Und das ist gut so. Denn beides – das Tanzen und die Überwachung des Eingangs – läßt sich schwer miteinander vereinen: Wer auf dem Parkett brilliert, ist nicht unbedingt ein zuverlässiger Türsteher. Mit anderen Worten: Die Romanciers oder die Lyriker enttäuschen oft, wenn sie sich als Kritiker betätigen – und beileibe nicht deshalb, weil es ihnen an Fähigkeiten mangelte, über die die Profis der Kritik verfügen, sondern weil sie, in ihren poetischen Konzeptionen befangen, dem Kollegen, der einen anderen Weg sucht, nicht immer gerecht werden können. Ihre Literaturbetrachtung erweist sich bisweilen als die bewußte oder unbewußte, die direkte oder indirekte Rechtfertigung der eigenen Produktion.

Auch Heines Kritik läßt sich von solchen Schwächen und Makeln nicht freisprechen. Der hier als Türsteher und Platzanweiser seines Amtes waltet, ist der beste Tänzer weit und breit – und so verweigert er manch einem, der ihm als Nachbar auf dem Parkett unwillkommen wäre, den Zutritt, während er andere bevorzugt behandelt. So bekämpft der Kritiker Heine seine Feinde und fördert seine Verbündeten, so werden alte Rechnungen beglichen und mit Lob und Tadel neue eröffnet. Kurzum, ein authentischer Literaturkritiker war Heine bestimmt nicht, obwohl er, wenn ihm nur daran gelegen wäre, auch das noch mühelos geschafft hätte. Man kann sogar sagen, daß er auf diesem Gebiet im gewissen Sinne ein Dilettant war, nur eben ein genialer Dilettant. Was charakterisiert seine Kritik, was unterscheidet sie von der all seiner Vorgänger?

1835 schrieb er an Julius Campe, seine »Romantische Schule« werde als »nützliches, lehrreiches und zugleich ergötzlich unterhaltendes Buch länger leben als der Verfasser und der Verleger, denen beiden ich doch für jeden Fall ein langes Leben wünsche«[36]. Damit ist schon gesagt, was in

Heines Literaturbetrachtung zunächst einmal auffällt: Er will belehren, doch immer und unbedingt auch unterhalten. Das hat mit den Adressaten dieser Arbeiten zu tun. Im ersten Buch seiner »Geschichte der Religion und Philosophie in Deutschland« vermutet Heine nicht ohne Ironie, große deutsche Philosophen würden, sollten sie zufällig einen Blick in sein Buch werfen, vornehm die Achseln zucken über den dürftigen Zuschnitt alles dessen, was er hier vorbringe. Aber »sie mögen gefälligst bedenken, daß das wenige, was ich sage, ganz klar und deutlich ausgedrückt ist«, während die Schriften dieser Philosophen zwar »unermeßbar gründlich« und »stupend tiefsinnig«, doch ebenso unverständlich seien. »Was helfen dem Volke« – fragt Heine – »die verschlossenen Kornkammern, wozu es keinen Schlüssel hat?«[37]

Die Adressaten, die er zu erreichen wünscht, sind also nicht nur die Poeten und die Professoren, die Schriftsteller und die Studenten – er möchte, ähnlich wie der Lyriker Heine, vom großen und breiten Publikum, vom Volk, gelesen werden. Um der angestrebten Verständlichkeit willen verzichtet er auf das gelehrte Vokabular und schreibt ganz ohne Verstellung, also wie ihm der Schnabel gewachsen ist. Das war in seiner Zeit höchst riskant, denn – so spottete Goethe – »wenn man dem Menschen gleich und immer sagt, worauf es ankommt, so denkt er, es sei nichts dahinter«[38]. Auch heute sind Klarheit und Deutlichkeit für einen Kritiker riskant: Sie bringen ihm, wenn es gutgeht, viele Leser ein und zugleich nicht wenige Gegner, zumal unter seinen Kollegen.

Aber mit Klarheit und Deutlichkeit allein ist es natürlich noch nicht getan. Heine bemüht sich um einen möglichst leichten und pointierten Stil, er formuliert griffig und anschaulich, er bietet Bonmots und Anekdoten. Indem er das Publikum unterhält, zwingt er es, ihm zuzuhören: Dieser Connaisseur ist sich nicht zu schade, bisweilen seines Amtes auch als ein Conférencier zu walten. Er zieht zum Vergleich Motive aus der Mythologie heran, vornehmlich der antiken. Doch hütet sich Heine, gar zuviel an Kenntnissen vorauszusetzen. Um dieser Gefahr zu entgehen, entschließt er sich – und das war damals ein Novum – zu einer Rolle, die er virtuos spielt: Er behandelt die Literatur, wann immer es möglich ist, aus der Perspektive des Lesers. Und wie seine Sprache niemals wissenschaftlich anmutet, so läßt sie sich, obwohl seine literarkritischen Arbeiten für Zeitungen und Zeitschriften bestimmt waren, auch nicht als journalistisch bezeichnen. Vielmehr ist sie poetisch: Die wichtigsten Elemente dieser Arbeiten sind metaphorische Charakteristiken, kunstreiche Paraphrasen und phantasievolle Schilderungen dichterischer Werke und ihrer Autoren. Auch als Kritiker bleibt Heine ein Artist.

In einem kurz nach Goethes Tod geschriebenen Brief sagt er über seine »Romantische Schule«:

»Fängt jetzt eine neue Literatur an, so ist dies Büchlein auch zugleich ihr Programm . . .«[39] Aber gerade als Programmschrift ist die »Romantische Schule« längst verblaßt. Die Theorie war Heines Sache nicht. Das Konkrete, nicht das Abstrakte hat ihn immer wieder fasziniert. Er war überzeugt, daß gegen das Pfaffentum die Maler Italiens weit wirksamer polemisiert hätten als die sächsischen Theologen. »Das blühende Fleisch auf den Gemälden des Tizian« – das sei bereits Protestantismus: »Die Lenden seiner Venus sind viel gründlichere Thesen, als die welche der deutsche Mönch an die Kirchentüre von Wittenberg angeklebt.«[40]

Wenn sich die »Romantische Schule« mitunter wie eine herbe Kritik der deutschen romantischen Literatur liest, so hat dies einen tieferen Grund. Was sich streng präsentiert, ist insgeheim liebevoll, was bisweilen unbarmherzig scheint, ist auch ein wenig sentimental. Denn in der Polemik gegen manche Autoren verbirgt sich Heines Selbstkritik, die Auseinandersetzung also mit seinem Frühwerk. Als ein Franzose ihn einen *romantique défroqué* nannte, einen entlaufenen Romantiker, da nahm er es zufrieden zur Kenntnis. Besser als manch einer seiner Kritiker wußte er, daß die Romantik, die er oft belächelt und attackiert hatte, die Heimat seiner Seele war: »Nachdem ich« – verriet er in seinen späten »Geständnissen« – »dem Sinne für romantische Poesie in Deutschland die tödlichsten Schläge beigebracht, beschlich mich selbst wieder eine unendliche Sehnsucht nach der blauen Blume im Traumlande der Romantik.«[41] Heine war ein Romantiker vom Geschlecht der Aufklärer und vom Rang der Klassiker.

Die Literaturgeschichte verglich er mit einem Leichenschauhaus, wo jeder *seine* Toten aufsucht, die nämlich, die er liebt und mit denen er verwandt ist.[42] Tatsächlich beschäftigte er sich am häufigsten mit Schriftstellern, denen er sich nahe fühlte. Dabei wollte Heine von Objektivität nichts wissen, sie sei im Grunde »eine trockene Lüge«, denn: »Es ist nicht möglich, die Vergangenheit zu schildern, ohne ihr die Färbung unserer eigenen Gefühle zu verleihen.«[43] Von jenen Dichtern aber, die, von der Vergangenheit träumend, kein rechtes Verständnis für ihre eigene Epoche hatten, rückte er entschieden ab. So äußerte er sich über die Großen der Literaturgeschichte nie als Chronist oder Historiker, wohl aber als Kritiker.

Über Lessing schrieb er: »So stark er im Verneinen ist, so schwach ist er im Bejahen.«[44] Für Heine gilt das nicht: Er konnte scharf und witzig und auch vernichtend ablehnen, doch ihre sprachgewaltigen Höhepunkte erreicht seine Literaturbetrachtung immer dann, wenn er rühmt und bewundert. Dem hartnäckigen Vorurteil zum Trotz, das ihn vor allem als boshaften Spötter und kalten Zyniker sehen will, war er, wenn es um die Kunst ging, ein unverbesserlicher Enthusiast. So erklärte er den Franzosen die Schönheit des

»Nibelungenlieds«: »Es ist eine Sprache von Stein und die Verse sind gleichsam gereimte Quadern. Hie und da, aus den Spalten, quellen rote Blumen hervor, wie Blutstropfen, oder zieht sich der lange Epheu herunter, wie grüne Tränen.«[45]

Seine »Romantische Schule« und auch seine »Geschichte der Religion und Philosophie in Deutschland« bestehen zu einem nicht geringen Teil aus Liebeserklärungen. Staunend und ehrfurchtsvoll verneigt er sich vor dem Riesen Martin Luther, er liebt Lessing, in dem er eine brüderliche Seele und zugleich ein Vorbild sieht. Denn Lessing und Heine, beide mußten sie, um sich entwickeln und um ihren Ort erkennen und fixieren zu können, stets gegen andere polemisieren. Und auch auf Heine selber lassen sich seine unvergeßlichen Worte beziehen: »Vor dem Lessingschen Schwerte zitterten alle. Kein Kopf war vor ihm sicher. Ja, manchen Schädel hat er sogar aus Übermut heruntergeschlagen, und dann war er dabei noch so boshaft, ihn vom Boden aufzuheben und dem Publikum zu zeigen, daß er inwendig hohl war.«[46]

Die Kunst der poetischen Charakteristik wußte Heine zu üben wie keiner vor ihm und wohl auch keiner nach ihm, so etwa, wenn er Novalis mit E. T. A. Hoffmann verglich: »Novalis sah überall nur Wunder und liebliche Wunder, er belauschte das Gespräch der Pflanzen, er wußte das Geheimnis jeder jungen Rose, er identifizierte sich endlich mit der ganzen Natur ... Hoffmann hingegen sah überall nur Gespenster, ... er war ein Zauberer, der die Menschen in Bestien verwandelte ..., seine Werke sind nichts anderes als ein entsetzlicher Angstschrei in zwanzig Bänden.«[47]

Die Schwäche mancher Romantiker für die mittelalterlichen Kulissen und Requisiten und den ganzen Plunder, der aus dem Fundus eines Provinztheaters zu stammen schien, hat niemand treffender entlarvt als Heine. Er selber war in seinen frühen Jahren diesem billigen Zauber zuweilen erlegen, und so wußte er, wovon er sprach, als er über Uhland schrieb, »daß das hohe Ritterroß, mit seinen bunten Wappendecken und stolzen Federbüschen, nie recht gepaßt habe zu seinem bürgerlichen Reuter, der an den Füßen, statt Stiefeln mit goldenen Sporen, nur Schuh mit seidenen Strümpfen, und auf dem Haupte, statt eines Helms, nur einen Tübinger Doktorhut getragen hat.«[48]

Nie hat Heine den Publikumserfolg verachtet und nie ein Wort gegen jene Dichter gesagt, die sich um ein möglichst starkes Echo bemühten. Aber nichts lag ihm ferner, als den Geschmack der Leser zu respektieren. Das Publikum erinnerte ihn an einen hungrigen Beduinen in der Wüste, der glücklich war, einen Sack mit Erbsen gefunden zu haben, und der ihn hastig öffnete. Doch wurde er enttäuscht, denn er fand in diesem Sack keine Erbsen, sondern leider nur Perlen.[49] Die Arbeiten, in denen sich Heine mit den Erbsen befaßte, sind heute nur noch literarhistorische Dokumente. Die Perlen sind es, die ihn immer aufs neue inspirierten. Er unterschied zwischen Kritikern für kleine und für große Schriftsteller: Manche verfügten über eine Lupe, unter der zwar Platz für interessante Flöhe sei, doch nicht für Walfische.[50] Heines Blick war für die einen und für die anderen untrüglich, aber die Bedeutung seiner Kritik wuchs mit dem Gewicht ihrer Gegenstände. So steht im Mittelpunkt seiner Literaturbetrachtung kein anderer als Goethe.

Wie beinahe alle seine schreibenden Generationsgenossen war auch Heine mit dem alten Goethe recht unzufrieden. Er nannte ihn ein »Zeitablehnungsgenie«[51], er warf ihm »Indifferentismus« vor und die Vernachlässigung »höchster Menschheitsinteressen«. Seine Dichtungen, bedauerte er, würden keine Taten hervorbringen.[52] Anderen indes wollte er nicht erlauben, gegen Goethe Partei zu ergreifen: Er sprach dann von der »Verirrung jenes patriotischen Pöbels, der noch immer nicht aufhört, unseren großen Meister Goethe zu verlästern und zu schmähen«[53]. Schon der junge Heine entrüstete sich in einem Brief: »Wo denken Sie hin, lieber Varnhagen, Ich, Ich gegen Goethe schreiben! Wenn die Sterne am Himmel mir feindlich werden, darf ich sie deßhalb schon für bloße Irrlichter erklären?«[54]

Heine hat einmal Goethes Werk mit einem Wunderbaum verglichen: Die Altgläubigen –

schreibt er – hätten in dem Stamme des großen Baumes eine Nische mit einem Heiligenbildchen vermißt und es störten sie die nackten Dryaden des Heidentums, die dort ihr Hexenwesen trieben. Die Bekenner des Liberalismus wiederum hätten sich geärgert, »daß man diesen Baum nicht zu einem Freiheitsbaum, und am allerwenigsten zu einer Barrikade benutzen konnte«. In der Tat, sagt Heine, er war zu hoch: »Man konnte nicht auf seinen Wipfel eine rote Mütze stecken und darunter die Carmagnole tanzen.« Das Publikum jedoch habe diesen Baum verehrt, »weil er so selbständig herrlich war, weil er so lieblich die ganze Welt mit seinem Wohlduft erfüllte, weil seine Zweige so prachtvoll in den Himmel ragten, so daß es aussah, als seien die Sterne nur die goldnen Früchte des großen Wunderbaums«[55]. Wer, frage ich, hat je schöner über deutsche Literatur geschrieben als Heinrich Heine?

Aber als er diesen Baum schilderte, in dem es keine Nische für Heiligenbildchen gibt und aus dem sich auch keine Barrikade zimmern läßt, der zu hoch ist, als daß man auf seinen Wipfel eine rote Mütze stecken könnte, und der so »selbständig herrlich« war und geblieben ist – meinte er da nur Goethe oder vielleicht insgeheim auch ein wenig sich selber? Hätten wir auch ihm, dem Ausgestoßenen, einen deutschen Wunderbaum zu verdanken, dessen Zweige prachtvoll in den Himmel ragen?

Nein, wir sollten uns hüten, Heine mit Goethe oder mit Schiller zu vergleichen. Und doch hat er sie in einer gewissen Hinsicht weit übertroffen. Er hatte mehr Witz und mehr Esprit als beide zusammen: Was immer er schrieb, Lyrik oder Prosa, er hörte nie auf, die Welt skeptisch und ironisch zu betrachten. Er war ein Aufklärer, Klassiker und Romantiker in einem und stets auch, wie jener königliche Spaßmacher, dessen Schädel Hamlet betrachtet, »ein Bursch von unendlichem Humor, voll von den herrlichsten Einfällen«.

Die Wunde Heine, sie vernarbt allmählich, doch auf höchst sonderbare Weise, sie vernarbt schief und schön zugleich. Wer weiß, ob man nicht auch von einem Wunder Heine sprechen sollte.

Es war ein Traum

(1991)

In unserem Lesebuch für die Quarta konnte man Gedichte auch von Heine finden, noch wurden sie – man schrieb das Jahr 1932 – im Unterricht durchgenommen. Zwei waren mit Sicherheit dabei: »Belsatzar« und »Die Grenadiere«. Aber beide mißfielen mir.

Daß der König von Babylon rief: »Jehovah! dir künd' ich auf ewig Hohn« – das schien mir nicht übel. Mit der Schrift auf weißer Wand hingegen, mit diesen Buchstaben von Feuer, wußte ich nicht viel anzufangen, und daß Belsatzar in selbiger Nacht von seinen Knechten ward umgebracht, fand meine Billigung schon gar nicht. Von den beiden Grenadieren, die in Rußland gefangen waren und nun nach Frankreich zogen, sagte mir nur einer zu, jener, der nach Hause zu Weib und Kind wollte; dem anderen, dem so daran gelegen war, in Frankreichs Erde begraben zu sein und auch noch mit Degen, Flinte und Ehrenkreuz, und der sich vorstellte, der Kaiser werde über sein Grab reiten – dem traute ich nicht über den Weg, den hielt ich für einen dümmlichen Fanatiker.

Unter uns: diese Gedichte, »Belsatzar« und »Die Grenadiere«, kann ich auch heute nicht ganz ernst nehmen, geschweige denn lieben. So war ich an Heine nicht sonderlich interessiert, ein anderer Balladendichter hatte es mir damals angetan: Schiller. Und immer noch halte ich für die schönste deutsche Ballade jene, die vom Ibykus, dem Götterfreund, erzählt.

Auch in den Lesebüchern für die nächsten Schulklassen mangelte es an Gedichten von Heine nicht. Man benutzte nach wie vor, jedenfalls in Preußen, die alten Lesebücher aus der »Systemzeit«, also aus der Weimarer Republik, denn neue waren noch nicht da. Nur wurden Heines Gedichte jetzt einfach übergangen: Sie waren verboten. Wenn ein vorlauter Schüler unseren Deutschlehrer fragte, warum das so sei, verwies er knapp auf eine Anordnung des Ministeriums. Die Sache schien ihm peinlich.

Gleichwohl verdanke ich den Zugang zu Heine, so merkwürdig dies auch klingen mag, der nationalsozialistischen Kulturpolitik. Man sollte nicht meinen, es sei damals in Deutschland über ihn und sein Werk nichts publiziert worden. So erinnere ich mich an eine Arbeit, deren Autor seinen Lesern erklärte, daß die Sprache der »Loreley« gar nicht deutsch sei, sondern jiddisch. Davon zeuge schon der erste Vers: »Ich weiß nicht, was soll es bedeuten.« Ein deutscher Mann hätte geschrieben: »Ich weiß nicht, was es bedeuten soll.« Was aber geschehe mit jenen, die diesen ersten Vers in Heines jiddischer Fassung lesen? »Sofort fahren uns die Worte in die Arme und zwingen uns zu einem Zucken der Achseln, während die Handflächen auseinandergehen: eine typisch jüdische Geste.«[1]

Ein anderer Interpret, dessen Abhandlung 1936 in den »Nationalsozialistischen Monatsheften« gedruckt wurde, nennt die »Loreley« »ein banales, weinerliches Gedicht«, für das »fremde, störende Hast« und »Sprunghaftigkeit« charakteristisch seien. Heine habe »nur eine seichte Kenntnis unserer Sprache und ihrer Beherrschung« – ja, dieser Interpret, ein Philologe übrigens, schreibt tatsächlich von der Kenntnis »ihrer Beherrschung« –, sein »noch nicht abgestreiftes Jiddisch« werde in den »Grenadieren« von der Zeile »Was schert mich Weib, was schert mich Kind« bewiesen, zu der auch ihm einfällt: »Dazu noch die typische Geste, beide Hände mit den Daumen in den Achselhöhlen verklemmt.«[2] Wie man sieht, haben damals die Heine-Kenner Blödsinn nicht nur verfertigt, sondern diesen auch noch voneinander abgeschrieben. Doch wie dumm die Nazi-Artikel auch waren – sie haben aus mir einen passionierten Heine-Leser gemacht.

Aber galt er als ein dubioser und überschätzter Autor bloß im »Dritten Reich«? Natürlich waren die längst traditionellen Vorurteile gegen Heine immer im Schwange – und sie sind es gewiß noch heute, auch wenn sie inzwischen wohl etwas nachgelassen haben und jetzt ganz anders begründet werden. Friedrich Sieburg, ohne Zweifel eine repräsentative Figur der deutschen Literaturkritik nach 1945, meinte 1956, man müsse prüfen, wieso sich ein dichterisches Phänomen wie Heinrich Heine »bis zur halben Vergessenheit verflüchtigen konnte«.[3] 1962 ging er noch weiter: Er konstatierte knapp und klar, Heine sei für die Gegenwart »nicht mehr existent«.[4] Jetzt ist Sieburg, der übrigens ein origineller und mit gutem Grund einflußreicher Kritiker war, beinahe vergessen, während dies auf Heine keineswegs zutrifft.

Freilich hört man immer wieder, ein bestimmter Teil seines Werks habe sich überlebt – mal ist es die Lyrik, mal sind es die Feuilletons oder die Reisebilder. 1972 erschien ein Sammelband mit dem Titel »Geständnisse. Heine im Bewußtsein heutiger Autoren«.[5] Neunzig deutsche Schriftsteller hatte man gebeten, sich zu Heine zu äußern. Die weitaus meisten erklärten ohne Umschweife, Heine sei ihnen überhaupt nicht bekannt – oder zumindest gleichgültig. Aber in vielen dieser Antworten fällt ein trotziger und aufmüpfiger Ton auf. Der Berühmteste unter den befragten Autoren, Carl Zuckmayer, wollte ebenfalls von Heine nichts wissen. Zwar bewundere er dessen »brillante Intelligenz« und sein »dichterisches Vermögen«, aber er habe nie ein Verhältnis zu ihm finden können.[6] Das kann nur heißen: Laßt mich doch mit diesem

Heine in Frieden. Man ließ ihn nicht in Frieden, man gab ihm vielmehr den Heine-Preis.

Zuckmayer nahm ihn an und hätte seine Ansicht über Heine bei der Preisverleihung in Düsseldorf erläutert, wenn ihm dafür »ausreichend Zeit eingeräumt worden und er nicht krank geworden wäre«. In seiner nicht gehaltenen Rede, die lediglich in der »Zeit« zu lesen war, nannte er Heine den »vernünftigsten Schwärmer« und den »genußfreudigsten und unglücklichsten Liebhaber«, den »frömmsten Revolutionär« und den »gläubigsten Zweifler«. Indes stellte er eine überraschende Frage: »Wie könnte man zu ihm schlichtweg ein Verhältnis gewinnen, wie etwa zu Eichendorff oder Mörike, oder auch zu Matthias Claudius und Hebel, bei denen allen die persönliche Problematik durch die Gesamtheit ihres Werkes sublimiert und ausgeglichen erscheint?«[7] Bei Heine wäre dies also nicht der Fall?

Nichts liegt mir ferner, als Zuckmayer – ich schätze den Dramatiker und auch den Erzähler – am Zeug zu flicken. Aber wie befangen und voreingenommen mußte einer sein, der Heine so gründlich verkennen konnte. Denn wenn es je einen deutschen Dichter gegeben hat, der ein Leben lang und auf nahezu manische Weise bemüht war, seine persönliche Problematik in seinem Werk zu sublimieren, dann war es Heinrich Heine. Und hatte er nicht mehr zu sublimieren als Mörike oder Eichendorff oder Matthias Claudius?

Zuckmayer allerdings sah es nicht. In der nicht gehaltenen Rede von 1972 behauptete er, Judentum und jüdische Herkunft seien für Heine niemals »ein zentrales Problem« gewesen. Nein, umgekehrt wird ein Schuh daraus: Das Judentum war das zentrale Problem der ganzen Existenz Heines, doch nicht die mosaische Religion und auch nicht die jüdische Tradition. Was also?

Wenn wir sagen, er sei in der Epoche der Emanzipation der Juden in Deutschland aufgewachsen, so ist uns schon eine Beschönigung der tatsächlichen historischen Situation unterlaufen. Die bürgerliche Gleichberechtigung der Juden wurde gegen den Willen des deutschen Volkes verfügt. Das preußische Emanzipationsedikt von 1812, dem später in anderen deutschen Ländern ähnliche Dekrete folgten, war kaum mehr als ein behördlicher Erlaß, ein Verwaltungsakt. Seine Verwirklichung wurde von der Bevölkerung – jedenfalls in ihrer überwiegenden Mehrheit – mit Entschiedenheit verweigert. So waren die Juden zwar formal anerkannt, doch nach wie vor diskriminiert. Weltfremd ist die Vorstellung, es hätte in jener Zeit auch nur einen einzigen Juden in Deutschland gegeben, dem antisemitische Schikanen erspart geblieben wären.

Der junge Heine, empfindlich, leicht reizbar und erregbar und auch noch höchst ehrgeizig, hat gewiß unter diesen nicht unbedingt harmlosen Schikanen besonders gelitten. Als Halbwüchsiger, als Schüler des Düsseldorfer Lyzeums, mußte er sich wohl zum erstenmal davon überzeugen, daß die christliche Umgebung nicht darauf erpicht war, ihn zu akzeptieren. Dies haben andere Juden in seinem Alter damals ähnlich erlebt, natürlich, aber in der Regel fiel es ihnen nicht so schwer, einen Rückhalt zu finden: in der jüdischen Gemeinschaft oder, zumindest, in ihrer Familie. Davon wollte Heine nichts wissen, für eine solche Lösung interessierte er sich nur einmal: während seines Studiums in Berlin zwischen 1821 und 1823.

In Hamburg gilt der Zwanzigjährige bei seiner dort lebenden Familie beinahe sofort als Sonderling und Außenseiter. In beruflicher Hinsicht scheitert er schnell – als Bankangestellter und als Kaufmann. Hingegen widmet er sich einer Tätigkeit, die im jüdischen Milieu jener Zeit nicht gerade ernst genommen wird: Er schreibt Verse, er geriert sich als Poet. Sein Onkel Salomon, ein überaus tüchtiger und vermögender Kaufmann, soll gesagt haben: »Wenn mein Neffe Harry hätte gelernt machen Geschäfte, hätte er nicht gebraucht schreiben Gedichte.« Der dem Onkel Salomon zugeschriebene Ausspruch mag authentisch sein oder nicht – jedenfalls fällt der junge Heine auch im jüdischen Milieu aus dem Rahmen.

Er ist von Jugend an einer, der nirgends dazugehört: Da man ihn nicht integrieren will, ist er nicht bereit, sich integrieren zu lassen. Was er in

Hamburg versucht hatte, das setzt er erst recht in seinen Studienjahren an den Universitäten von Bonn, Göttingen und Berlin fort: Der Not gehorchend, gefällt er sich in einer Pose, er flüchtet in eine Rolle. Er wird ein Exzentriker aus Trotz. Sein Kommilitone Jean Baptist Rousseau berichtet im Herbst 1819, daß Heine damals in Bonn »für einen äußerst närrischen Kauz galt und von den Studenten als ein Idiot zum Besten gehalten wurde«.[8]

Anfang 1823 schreibt Heine aus Berlin: »Krank, isolirt, angfeindet und unfähig, das Leben zu genießen, so leb ich hier. Ich schreibe jetzt fast gar nichts und brauche Sturzbäder. Freunde habe ich fast gar keine jetzt hier.«[9] Man hat Heine bisweilen vorgeworfen, er habe sich häufig von Ressentiments leiten lassen, ja, seine ganze Persönlichkeit sei von Ressentiments geprägt. In der Tat: Vermutlich waren bei allem, was er geschrieben hat, Ressentiments mit im Spiele. Unbegreiflich ist nur, daß man sich darüber wundern kann.

Inzwischen wurde der erste Gedichtband Heines publiziert, dem 1823 der Band »Tragödien, nebst einem lyrischen Intermezzo« folgte. Damit war aus dem Versager und Sonderling, aus dem »närrischen Kauz« ein ganz und gar ungewöhnliches Wesen geworden: Ein Jude als Autor deutscher Gedichte. Das hatte es noch nie gegeben. Denn daß ein Jude Isachar Bär Falkensohn 1771 einen Lyrikband veröffentlichte, der vom jungen Goethe streng verurteilt wurde,[10] kommt hier nicht in Betracht. Denn seine Poesie war ganz unerheblich.

Da waren Heines Verse von ganz anderer Art: Sie konnten – das sah man sofort – neben den Gedichten der besten zeitgenössischen Poeten zumindest bestehen. Gleichwohl fürchtete er die Kritik, doch weniger Qualitätsurteile als vor allem eventuelle Hinweise auf seine jüdische Abstammung. Es würde ihn »aufs Schmerzlichste verletzen«, wollte man den Geist seiner Lyrik aus seiner Biographie erklären.[11] Immermann, an den dieser Brief gerichtet war, brauchte Heines Zorn nicht zu fürchten. Er hatte in seiner (überaus schmeichelhaften) Rezension allgemeine Formulierungen verwendet: Er sprach von einem Dichter, der sich »in offne Opposizion gegen die übrige Welt« stelle. Heine scheine ganz besonders stark »bittren Grimm über eine nüchterne, unempfängliche Gegenwart« zu hegen und »tiefe Feindschaft gegen die Zeit«.[12]

Der Betroffene zeigte sich dankbar: »Sie sind bis jetzt der Einzige, der die Quelle meiner dunkelen Schmerzen geahndet.« In seiner nächsten poetischen Veröffentlichung werde es ihm vielleicht gelingen, ein »Paßpartout zu meinem Gemüthslazarethe« zu liefern. Eigentlich schreibe man – fährt er fort – nur für wenige, »besonders wenn man, wie ich gethan, sich mehr in sich selbst zurückgezogen« hat.[13] Die »dunkelen Schmerzen«, das Passepartout zum »Gemüthslazarethe« und schließlich der

Rückzug »in sich selbst« – wollte Heine damit auf seine Situation als Jude anspielen? Ganz sicher ist das nicht, aber doch wahrscheinlich. Denn nur acht Monate später heißt es in seinem Brief an einen anderen Adressaten: »Wär ich ein Deutscher – und ich bin kein Deutscher [. . .].«

Der Ton seiner Korrespondenz wird jetzt, im Herbst 1823, immer heftiger: Er werde – schreibt er – »auf vielfache Weise gereizt und gekränkt«. Man lasse »die Wogen des Judenhasses« gegen ihn anbranden, von allen Seiten empfinde er deren Wirkung: »Freunde, mit denen ich den größten Theil meines Lebens verbracht, wenden sich von mir. Bewunderer werden Verächter, die ich am meisten liebe, hassen mich am meisten, alle suchen zu schaden.«[14]

Heine sah, daß man in Deutschland eher bereit war, sich für seine literarischen Arbeiten zu interessieren, sie eventuell sogar zu schätzen, denn ihn als Person, als Bürger, als Deutschen anzuerkennen. Die Taufe, 1825 heimlich vollzogen, war wohl ein letzter, ein verzweifelter Versuch, diese Anerkennung doch noch zu erzwingen. Die Folgen seines Übertritts zum evangelischen Glauben kennen wir: Was Heines Isolation überwinden sollte, hat sie nur vertieft. Den angestrebten Posten in der Verwaltung oder im diplomatischen Dienst hat er nicht erhalten. Er blieb, was er bisher war: ein Jude unter den Christen. Nur war er jetzt auch noch ein Getaufter unter den Juden geworden.

Nun sei er – heißt es 1826 in einem Brief – hier wie dort verhaßt: »Ich bereue sehr, daß ich mich getauft hab; [. . .] ich habe seitdem nichts als Unglück.«[15]

Von seinem »Buch der Lieder«, 1827 gedruckt, wollte das deutsche Publikum zunächst nicht viel wissen: Es dauerte zehn Jahre, bis die erste Auflage, 5000 Exemplare, verkauft war. Die sich dann abzeichnende und schnell wachsende Beliebtheit dieser Sammlung war freilich enorm und ließ bis zur wilhelminischen Zeit kaum nach. Das »Buch der Lieder« gilt als der größte Erfolg der europäischen Liebeslyrik im 19. Jahrhundert. Die Zahl der Übersetzungen übertrifft bei weitem alles, was bisher in deutscher Sprache gedichtet wurde, die Zahl der Vertonungen erst recht. Der Heine-Forschung zufolge wurden Gedichte aus dem »Buch der Lieder« beinahe zehntausendmal vertont, allein von »Du bist wie eine Blume« gibt es 388 Originalvertonungen. Wer im vergangenen Jahrhundert Lieder komponieren konnte, der komponierte vor allem Heine: Schubert, Schumann, Mendelssohn, Brahms, Liszt, Richard Wagner, Hugo Wolf, Bruckner, Busoni, Rachmaninow.

Es ist verständlich, daß bei einem so starken Interesse an Heines erotischer Lyrik sehr bald und dann immer wieder nach den realen Erlebnissen gefragt wurde, die seinen Liebesgedichten zugrunde lagen. Sonderbar: Wir sind über die Mädchen und Frauen im Leben von Goethe, Hölderlin oder Brecht ziemlich genau informiert. Wir wissen Bescheid über die Knaben und Männer, die Thomas Mann geliebt hat. Aber über das erotische Leben des Panerotikers Heinrich Heine sind wir nicht unterrichtet. Heine selber hat jegliche Auskunft standhaft verweigert und damit die Neugierde der Leser geweckt und den Ehrgeiz der Germanisten angestachelt. Die Wissenschaftler haben dieser Aufgabe viel Zeit und Mühe gewidmet, die Ergebnisse sind mager, ja belanglos. Denn von allen deutschen Dichtern war Heine, der angeblich frivolste, in Wirklichkeit der diskreteste.

Wichtiger als die Frage nach den erotischen Erfahrungen, die Heines Poesie ausgelöst haben konnten, scheint mir die umgekehrte – jene nämlich nach dem Einfluß seiner Gedichte auf das Liebesleben der Deutschen. Zunächst einmal: Die außerordentliche Wirkung der Lyrik Heines hat mit dem Triumph der deutschen Romantik zu tun. Er sei, notierte Heine gegen Ende seines Lebens, immer ein Romantiker gewesen und dies noch in einem höheren Grade, als er selbst es ahnte. Er ist nie zur Romantik zurückgekehrt, da er sie zwar reformiert, doch sich nie von ihr abgewandt hatte.

Goethes Diktum »Je inkommensurabeler und für den Verstand unfaßlicher eine poetische Produktion, desto besser«[16] hat einen beträchtlichen Teil der deutschen Dichtung geprägt – bis hin zu Rilke und Stefan George, wenn nicht gar bis Paul

Celan. Vom Erzübel der deutschen Poesie, vom Mißbrauch der lyrischen Form zum gelegentlichen Rückzug ins Verschwommene, ja zur Flucht ins Unkontrollierbare – von diesem Erzübel ist Heines Werk frei. Indem er die Sprache der Dichtung an die urbane, an die bürgerliche Zivilisation annäherte, ohne ihr das Poetische zu nehmen, indem er also die Sprache gründlich demokratisierte, hat er es dem Publikum ermöglicht, die Lyrik nicht nur zu lieben, sondern sie auch zu begreifen. Die deutsche Romantik und Heinrich Heine – sie verdankten sich gegenseitig ihre größten Erfolge.

Freilich waren diese Erfolge nur möglich, weil sie vom Zeitgeist außerordentlich begünstigt wurden. Heine wirkte in einer Epoche, in der die Industrialisierung die Gesellschaft veränderte: Man produzierte immer mehr Bücher, es entstanden Leihbibliotheken, Arbeiterbildungsvereine und Volksbüchereien. Kurz: die Zahl der Leser wurde immer größer.

Dieses neue Publikum, das junge deutsche Bürgertum, schmachtete nach Versen, die seine Leiden und seine Freuden ausdrücken konnten. Und es fand bei Heine, was es so dringend benötigte: jene oft volksliedhaften Gedichte, deren Schlichtheit raffiniert und deren Raffinesse kunstvoll waren. Was er von seinen literarischen Vorgängern ererbt hatte, hat er erworben – und das Bürgertum, das neue zumal, konnte es besitzen. Er hat den Lesern die von ihnen bevorzugten Elemente der romantischen Poesie – die Figuren und die Requisiten, die Motive und die Stimmungen – reichlich geboten; zugleich hat er sich von ihnen distanziert, ohne sie jedoch zu verspotten.

Bei ihm gibt es sie immer noch: die Sternlein und die Blümelein, die Äuglein, den Mondglanz und den Sonnenschein. Aber mitunter fügt Heine hinzu: »Wie sehr das Zeug auch gefällt, / So machts doch noch lang keine Welt.« Die eher schlichten Leser waren zufrieden, weil sie das ihnen vertraute romantische Brimborium wiederfanden. Die anspruchsvolleren Leser wiederum konnten dieses Brimborium ohne ästhetische Gewissensbisse genießen, weil Heine derartige Elemente wie Versatzstücke behandelte, weil er sie mit Anführungszeichen versah, die eher liebevoll als höhnisch schienen. Ihm, der der poetischen Tradition die Treue hielt und der sie doch erneuerte, ihm, der romantisch und zugleich postromantisch dichtete, folgten sie gern. Sie alle waren bereit, aus seiner Hand jene deutsche Pflanze zu nehmen, die schon als verwelkt galt – die blaue Blume.

Von Kurt Tucholsky stammt die schöne Formulierung, nach seinem Buch »Rheinsberg« habe man in Deutschland »generationsweise vom Blatt geliebt«.[17] So ließe sich auch die Wirkung der erotischen Lyrik Heines kennzeichnen: Nach dem »Buch der Lieder« wurde beinahe in ganz Europa generationsweise vom Blatt geliebt und gelitten. Diese Verse haben das erotische Klima jener Epoche geprägt, gesteigert und bisweilen sogar erzeugt. Von ihnen ließen sich die Menschen ermuntern und ermutigen, sie ließen sich zur Liebe drängen und führen, vielleicht auch verführen. Um sich ihrer Hoffnungen und Enttäuschungen, ihres Glücks und ihres Leidens bewußt zu werden, um für ihre Empfindungen einen Namen zu finden, griffen sie zu Heines Poesie.

Aber ist es nicht erstaunlich, daß unzählige deutsche Leser sich und ihre Gefühle, ihre intimsten Regungen in den Versen gerade eines Juden entdeckt haben? Oder ist der Umstand, daß der Autor ein Jude war, in diesem Zusammenhang nebensächlich oder gar belanglos? Konnten sich die Leser in dieser Dichtung wiederfinden, obwohl Heine ein Jude war? Oder vielleicht, weil er ein Jude war?

Alle erotischen Dichter besingen, was sie erlebt haben, was sie zu erleben hoffen und was sie zu erleben fürchten. Auch Heines Lyrik bietet eine Mischung aus Bekenntnissen, Wunschträumen und Angstvisionen. Doch wovon handeln denn diese Gedichte? Der Held der Shakespeare-Tragödie »Romeo und Julia« sei nicht etwa – meinte Heine – das im Mittelpunkt stehende Paar, vielmehr sei es die Liebe selbst.[18] Ähnliches gilt für seine erotische Poesie nicht. Gewiß, da ist immer wieder von der Liebe die Rede. Und doch ist im »Buch der Lieder« die Liebe das wirkliche Thema nicht.

Für die dritte Auflage dieser Sammlung schrieb Heine – es war 1839 – eine neue Vorrede, diesmal in Versen. Von einem alten Märchenwald hören wir, von duftender Lindenblüte, vom wunderbaren Mondenglanz und von einer Nachtigall, die von Lieb' und Liebeswehe singt. Ihr Gesang ist so schön, daß jener, der hier spricht, einem Wesen, das er im Walde trifft, nicht mehr widerstehen kann. Es ist ein Wesen mit den Brüsten eines Weibes und mit den Tatzen eines Löwen: »Und als ich küßte das holde Gesicht, / Da war's um mich geschehen.« Warum? Das Gedicht sagt es uns genau: »Derweilen des Mundes Kuß mich beglückt, / Verwunden die Tatzen mich gräßlich.« – »Derweilen«: das ist hier das entscheidende Wort. Die Lust und der Schmerz – sie folgen in dieser Lyrik nicht nacheinander, sie kommen zugleich und auf einmal. Alles ist hier, bestenfalls, ambivalent: Das Weh ist wonnig, die Marter entzückend. Sind die besungenen Seligkeiten der Liebe tatsächlich Seligkeiten? Jedenfalls lassen sie sich von den Todesqualen nicht trennen.

Das Gedicht gleicht einer nachträglich komponierten Ouvertüre, die schon die wichtigsten Motive der Oper vorwegnimmt und paraphrasiert. So ist es im »Buch der Lieder« – die Kulisse: ein Märchenwald; die Beleuchtung: der Mondenglanz; der Duft: die Lindenblüte. Alles ist hier austauschbar: der Wald und die Linden, der Mond und die Nachtigall. Nicht austauschbar, weil mit der Sache selbst verquickt, ist dieser Nachtigall trauriges Jubeln, ihr frohes Schluchzen.

Schon im ersten Gedicht der Sammlung kommt über »süße Lippen« eine »bittre Rede«, im zweiten lesen wir von einem Traum, »gar seltsam schauerlich«, der aber ergötzt und erschreckt. Das »wundersüße Mägdelein«, uns wohl bekannt, gibt es wieder, nur: Sie wäscht für den Träumenden das Totenkleid, sie zimmert seinen Sarg, sie schaufelt sein kühles Grab. Der Reiter, der durch das Bergtal zieht, fragt sich, wohin denn sein Weg führen werde – in seines Liebchens Arm oder ins dunkle Grab. Die Liebste hat zwar ein »holdes Gesicht«, doch sie ist voll Tücke, ihre Blicke sind falsch und fromm zugleich. Die Liebe ist hier bloß eine Illusion: »An deinen Busen sink ich hin, / Und glaube, daß ich selig bin.« Aber der Liebende ist nicht selig, er glaubt es nur, er ist das Opfer einer Einbildung.

Goethes jubelnder Ausruf »Krone des Lebens, Glück ohne Ruh, Liebe, bist du« ist in dieser Dichtung undenkbar. Und Klärchens schönes Fazit: »Glücklich allein ist die Seele, die liebt«? Nein, Heine erzählt im »Buch der Lieder« nicht vom Glück und Unglück der Liebenden, sein Thema ist von anderer Art – und es wird nie direkt benannt, verborgen ist es zwischen und hinter seinen Versen. Denn es ist ein Thema, das ihn mehr angeht, mehr schmerzt als alles andere auf Erden. Heine spricht in dieser Lyrik von den Leiden des deutschen Juden kurz nach der von den Behörden verordneten Emanzipation. Genauer: von den Leiden eines Menschen, der, in die deutsche Welt hineingeboren, von dieser Welt angenommen werden möchte. Man bescheinigt ihm, er sei ganz und gar gleichberechtigt, er aber spürt und sieht tagaus, tagein, daß dies nicht zutrifft.

Der Schmerz dessen, den man nicht zuläßt, der allein und einsam bleibt, der sich als ein Ausgestoßener fühlt – das ist Heines Leitmotiv. Da findet im lichterfüllten Haus ein Gesellschaftsabend statt, zu den Gästen gehört auch jene, die er liebt. Er, der Liebende, steht unten allein, im Dunkeln. Sie sieht ihn überhaupt nicht. Das Fest, bei dem man ihn nicht haben will – das ist ein stets wiederkehrendes Motiv im »Buch der Lieder«. Und wenn er schon bei einem Hochzeitsfest dabei sein darf, dann heiratet sein Liebchen – natürlich einen anderen. Oder aber: Gelehnt an den Mast eines Schiffes kommt er an dem Haus seines Liebchens vorbei: »Ich guck' mir fast die Augen aus, / Doch will mir niemand winken.« In einem anderen Gedicht sieht ihn die »liebe Kleine« forschend an: »Wer bist du, und was fehlt dir, / Du fremder, kranker Mann?« Er wird abgewiesen und verschmäht:

Die Liebe suchte ich auf allen Gassen,
Vor jeder Türe streckt' ich aus die Hände,
und bettelte um g'ringe Liebesspende, –
Doch lachend gab man mir nur kaltes Hassen.

Klar und einfach ist das Ergebnis: »Die Liebe fand ich nimmer, / Und kehrte um nach Hause, krank und trübe.«

Besungen werden also die Hoffnung und der Anspruch auf die Liebe, die Sehnsucht und das Bedürfnis nach der Liebe. Wenn Adorno schrieb, im Werk von Heine sei die hoffnungslose Liebe sein »stereotypes Thema«,[19] so ist das schon richtig, nur klingt es wie ein Vorwurf. Aber Heine hat sich dieses Thema nicht ausgesucht, wohl aber hat sich das Thema ihn gewählt. Es war, pathetisch ausgedrückt, sein Schicksal.

Jedenfalls wurden gerade diejenigen seiner Gedichte besonders populär, die gar nicht anders gelesen werden konnten denn als Gleichnisse von der Isolation und ihrer Unüberwindlichkeit. Ein einsam stehender Fichtenbaum träumt von einer Palme im fernen Morgenland. Den Fichtenbaum umhüllen Eis und Schnee mit weißer Decke, die Palme, nach der er sich sehnt, wächst auf einer brennenden Felswand. Ein anderes Beispiel: Die da »duftet und weinet und zittert / Vor Liebe und Liebesweh« ist eine Lotosblume, doch dem Geliebten, für den sie blüht und glüht und leuchtet, wird sie sich niemals nähern können. Denn es ist der Mond.

Bei Licht besehen, verkündet Heine im »Buch der Lieder« nicht die Liebe, sondern weit eher deren Unmöglichkeit. Die beklagenswerte und aussichtslose, die eben unmögliche Liebe symbolisiert die Situation des Verstoßenen und Ausgeschlossenen, genauer: des Juden, der als Neuankömmling in der Gesellschaft stets deren Abneigung und Widerstand zu spüren glaubt oder jedenfalls befürchtet, der gleichwohl um seine Anerkennung, seine Gleichberechtigung kämpft und sich nicht damit abfinden kann und will, daß ihm diese, allerlei Proklamationen zum Trotz, konsequent verweigert wird.

Im Mittelpunkt der Dichtung des jungen Heine steht somit nicht – wie man gelegentlich lesen konnte – die Heimatlosigkeit, vielmehr die Nichtzugehörigkeit des ganz und gar assimilierten und doch nicht emanzipierten Juden. Von dieser besonderen Situation wurde die erotische Lyrik Heines verschärft und intensiviert, sie hat ihr eine bisher unbekannte Dimension verliehen. Heines Verse knüpften an Vorhandenes an, sie profitierten vom Vertrauten – und waren dennoch neu. Aber er dichtete nicht besser als Mörike oder Eichendorff, er dichtete anders – weil er sich in einer ganz anderen gesellschaftlichen Konstellation als seine großen Zeitgenossen befand und weil er genötigt war, eine ganz andere Rolle als sie in der Öffentlichkeit zu spielen.

Indes: Wenn die zentrale Frage der Existenz Heines von der Situation der Juden innerhalb der deutschen nichtjüdischen Gesellschaft in der Zeit nach der offiziellen Emanzipation bestimmt wird und wenn dies, folgerichtig, der ständige, allerdings eher heimliche als offenkundige Untergrund seiner Dichtung ist, zumal der erotischen, dann drängt sich sofort eine ebenso simple wie wichtige Frage auf. Heines Publikum in Deutschland, in Österreich und in vielen anderen europäischen Ländern setzte sich in seiner überwiegenden Mehrheit natürlich nicht aus Juden zusammen. Im Gegenteil: Es bestand vornehmlich aus Christen, die sich in den meisten Fällen für das Schicksal der Juden überhaupt nicht interessierten.

Diese Leser haben – dessen können wir sicher sein – den Zusammenhang zwischen den Liebesgedichten Heines und der Situation des Autors als Jude innerhalb der nichtjüdischen Gesellschaft meist nicht wahrgenommen, sie waren sich also des doppelten Bodens seiner Poesie nicht bewußt. Trotzdem konnten sie sich in seinen Versen sehr wohl wiedererkennen. Ist das mit ihren offensichtlichen Qualitäten zu erklären, mit dem Reichtum und der Suggestivität ihrer Bilder und Motive, mit der griffigen und anschaulichen Sprache und deren überaus melodischen Rhythmen? Hat das zu tun mit Heines Urbanität und Intellektualität und ähnlichen Eigentümlichkeiten, die man bei so großen Dichtern wie Brentano, Mörike oder Eichendorff nicht finden konnte und die dazu beitrugen, daß seine Gedichte oft als moderner, als zeitgemäßer empfunden wurden?

Dies alles trifft schon zu, doch da gibt es noch einen ganz anderen Faktor, der das außerordentliche Echo ermöglicht hat: Indem Heine in seiner erotischen Lyrik insgeheim das Los der benachteiligten Juden besang oder, richtiger gesagt, sich von diesem Los inspirieren ließ, wurde er zum poetischen Sprecher und Sachwalter aller Benachteiligten und Unterlegenen, aller, die an ihrer Rolle in der Gesellschaft gelitten haben, aller, die sich nach Liebe sehnten, aber sich mit der Sehnsucht, mit der Hoffnung begnügen mußten. Die neuen Leser – und keineswegs nur die Romankonsumenten, sondern auch die Liebhaber der Lyrik – rekrutierten sich aus den Schichten der Verschmähten, der Zukurzgekommenen, der von der Aristokratie und dem traditionellen Bürgertum nicht Integrierten. Ist es da verwunderlich, daß zu ihrer Bibel das »Buch der Lieder« wurde?

Die nächste Lyriksammlung Heines, »Neue Gedichte« betitelt, erschien erst 1844. Einem 1991 veröffentlichten Buch über Heine, das wir einem bekannten Germanisten verdanken, entnehme ich im Zusammenhang mit diesen »Neuen Gedichten«, daß im Rahmen der bürgerlichen Gesellschaftsordnung des 19. Jahrhunderts »weder die eheliche noch die außereheliche Liebe eine Gewähr für ungetrübtes Glück« geboten habe. Das nenn ich mir eine Entdeckung. Ein wenig verwirrt frage ich mich, welche Gesellschaftsordnung der Liebe, ob nun ehelich oder außerehelich, denn ungetrübtes Glück garantieren könne. Im Buch des Heine-Forschers ist von einer nichtantagonistischen Liebe die Rede, der »eine dialektische Vermittlung zwischen den Polen einer bedenkenlosen Sexualität und einer seelischen Bindung gelingen würde«.[20] Warum muß zwischen bedenkenloser Sexualität und seelischer Bindung unbedingt dialektisch vermittelt werden, und warum ist dies von der nichtantagonistischen Liebe zu erwarten?

Ratlos angesichts so außerordentlicher Gelehrsamkeit ziehe ich es vor, mich über die Erotik in Heines »Neuen Gedichten« von ihm selber belehren zu lassen:

> Nun der Gott mir günstig nicket
> Soll ich schweigen wie ein Stummer,
> Ich, der, als ich unbeglücket,
> So viel sang von meinem Kummer.

In der Tat hat sich Heines Verhältnis zur Erotik in der Zwischenzeit – den Band »Neue Gedichte« trennen von dem »Buch der Lieder« nicht weniger als siebzehn Jahre – entschieden gewandelt. In »Deutschland – Ein Wintermärchen« finden sich die oft zitierten Verse:

> Wir wollen hier auf Erden schon
> Das Himmelreich errichten.
> Wir wollen auf Erden glücklich sein,
> Und wollen nicht mehr darben.

Natürlich: diese Verse zielen vor allem auf Soziales ab, auf Politisches. Aber sie sind zugleich auf

Erotisches zu beziehen: Der einst um Liebe gebettelt hat, will jetzt nicht mehr darben, er will auf Erden glücklich sein und schon hier das Himmelreich errichten. Es spricht nicht mehr der Verschmähte (»Ich liebe wieder ohne Gegenliebe«), vielmehr jubelt einer, der offensichtlich nicht den geringsten Grund zur Klage hat:

> Es haben unsre Herzen
> Geschlossen die heil'ge Allianz,
> Sie lagen fest aneinander,
> Und sie verstanden sich ganz.

Häufiger noch als im »Buch der Lieder« kommt Heine jetzt auf die Vergänglichkeit der Liebe zu sprechen. So hören wir von Herzen und Blumen, die verwelken, von Frauen, die den Mann mit Gefühlen und Küssen beglücken »und dann verraten, wie gebräuchlich«. Nur wird das alles anders als früher hingenommen. Denn die Selbstsicherheit des Liebenden ist gewachsen. Er erhält von der Geliebten einen Abschiedsbrief. Doch das berührt ihn nicht sonderlich, er nimmt den Brief nicht ernst: »Man schreibt nicht so ausführlich, / Wenn man den Abschied gibt.«

Das Schönste auf Erden – liest man nicht zum erstenmal bei Heine – »es muß zu Schanden werden«. Nur klingt das jetzt ohne Bitterkeit: Eben weil die Liebe zu Schanden werden muß, soll man sie genießen und darf »mit leichten Sinnen küssen«. Euphorisch verkündet Heine: »Die dumme

Leiberquälerei / Hat endlich aufgehöret.« Er besingt die »schönen Gliedermassen / Kolossaler Weiblichkeit« und den edlen Ritter Tannhäuser, der der liebreizenden Frau Venus entflieht und zum Papst Urban pilgert. Aber statt seine Sünden zu beichten, berichtet er dem Papst über die Reize der Venus:

Ich liebe sie mit Allgewalt,
Nichts kann die Liebe hemmen!
Das ist wie ein wilder Wasserfall,
Du kannst seine Fluten nicht dämmen!

Zum Propheten der erotischen Emanzipation und einer gründlich revidierten Sexualmoral war Heine erst im Exil geworden. Man hat an die philosophischen Strömungen in Frankreich nach der Julirevolution erinnert, man hat darauf verwiesen, daß es dort erheblich liberaler und toleranter zuging als in Deutschland. Ein anderer Aspekt wird hingegen, glaube ich, oft unterschätzt: Auf diese erotische Lyrik hat auch sein im Exil erlangter Status einen prägenden Einfluß ausgeübt.

Heine war in Deutschland ein gescheiterter Jurist, dem es nirgends gelingen wollte, eine Stellung zu finden. In Frankreich lebte er als ein Literat, der akzeptiert, als ein Poet, der geschätzt wurde. Deutschland hatte ihn verletzt und enttäuscht. Konnte ihn Frankreich enttäuschen? Sein Aufenthalt in Paris war bloß ein langjähriges Provisorium, freilich eines, das die alte französische

Einsicht bestätigt, daß nichts auf Erden dauerhaft sei, nur eben das Provisorium.

In Deutschland weigerte man sich – so empfand er es jedenfalls –, ihn zu integrieren. Der unter den Deutschen die Errungenschaften der Französischen Revolution verkündete und rühmte, war ein unbequemer Zeitgenosse, der vielen auf die Nerven ging und der überall Anstoß erregte. Er litt unter der »pöbelhaften List der Gegner«, die ihn – meinte Heine – »gern in die Synagoge verwiesen«[21] hätten. Der unter den Franzosen die Besonderheiten und die Leistungen der deutschen Literatur und der deutschen Philosophie predigte, hat die Einheimischen nicht sonderlich gestört. Er konnte ohne weiteres angenommen werden – nur eben als einer, der selbstverständlich nicht dazu gehörte. Er war und blieb in beiden Ländern ein origineller Einzelgänger, ein wunderlicher Außenseiter, kurz: hier wie dort ein Fremder. Aber unter den Deutschen ein Jude, unter den Franzosen ein Deutscher, in Deutschland ein Ausgestoßener, in Frankreich ein Ausländer.

Die unterschiedlichen Rollen, in die sich Heine in Deutschland und dann in Frankreich gedrängt fühlte, sind deutlich erkennbar auch – und wie hätte es anders sein können? – in seinen erotischen Gedichten. In Deutschland hatte er eine Romanze geschrieben, die von Donna Clara erzählt, einer vornehmen spanischen Dame. Sie liebt einen unbekannten Ritter, mit dem sie zunächst nur flirtet und dann nicht nur flirtet. Doch was immer zwischen ihnen geschieht, sie kann nicht aufhören, die schmutzigen, die gottverfluchten Juden zu beschimpfen. Aber zum Abschied hört sie von ihrem Ritter:

> Ich, Sennora, Eu'r Geliebter,
> Bin der Sohn des vielbelobten,
> Großen, schriftgelehrten Rabbi
> Israel von Saragossa.

Dies sei, schrieb Heine in einem Brief, eine Szene aus seinem eigenen Leben. Nur habe sie sich nicht im Garten eines Alkalden abgespielt, sondern in Berlin, im Tiergarten. Und die Sennora war eine deutsche Baronesse.[22]

In Frankreich hingegen entstand ein Gedicht, in dem ein Liebender, der aus Deutschland stammt, eine Französin in seinen Armen hält. Auch hier gibt es offenbar Schwierigkeiten, die sich aus der Herkunft der beiden Liebenden ergeben. So spricht er zu ihr:

> Ich bitte dich, lass' mich mit Deutschland
> in Frieden!
> Du mußt mich nicht plagen mit ewigen
> Fragen
> Nach Heimat, Sippschaft und Lebens-
> verhältnis; –
> Es hat seine Gründe – ich kann's nicht
> vertragen.

Was aus Heines letzten Jahren stammt, beweist, daß er nie imstande gewesen war, seine Komplexe zu überwinden – und daß ihm sein heftiges Liebesbedürfnis immer aufs neue zu schaffen machte. In der späten Sammlung »Romanzero« findet sich das Gedicht über die schöne Sultanstochter, die täglich am Springbrunnen einen jungen Sklaven beobachtet. Er übt auf sie eine geheimnisvolle Wirkung aus. Befragt nach seiner Herkunft, gibt er die berühmte Antwort, er sei aus dem Stamme der Asra, welche sterben, wenn sie lieben. Heine war einer von jenen, welche auch dann lieben, wenn sie sterben, genauer: welche noch sterbend lieben müssen.

Es gibt in seinem Leben nur eine einzige erotische Beziehung, über die wir genau informiert sind, weil sie tatsächlich dokumentiert ist – die letzte, die ergreifendste. Elise Krinitz, die er die »Mouche« nannte, war weder geistreich noch gebildet. Aber sie war jung und ganz hübsch. Als sie ihn zum erstenmal besuchte, war Heine schon seit rund sieben Jahren gelähmt. So konnte – wie ein Heine-Biograph schreibt – »über festes Händehalten hinaus nichts zwischen ihnen sein«.[23] Ja, sie war seine Geliebte nicht, doch war sie seine späte große Liebe, sie war das Glück seiner letzten Monate.

Die Briefe, die er an sie schrieb – es sind stürmische Liebesbriefe eines Menschen, der sich kaum noch bewegen kann, es sind jugendliche

Briefe eines Sterbenden: »Nie war ein Poet elender in der Fülle des Glückes, das meiner zu spotten scheint!«[24] Er weiß, daß er sein Zimmer nur mit der Kirchhofsgruft vertauschen werde, nichts anderes sei er als eine »arme unbegrabene Leiche«. In einem Brief an die Mouche lesen wir: »Ach! wäre ich noch ein Mann [. . .]. Aber ich bin nur noch ein Geist.« Er sei »ein Todter, lechzend nach den lebendigsten Lebensgenüssen«.[25] Er rühmt die Anmut ihres Geistes. Aber das war nur eine liebenswürdige Schmeichelei.

Was er wirklich an ihr schätzte, das hatte er in einem anderen Brief sehr deutlich gesagt: »Zierlich bist Du über alle Maßen, und daran erfreut sich mein Sinn.«[26] In einem etwas späteren Brief heißt es lapidar: »Ich kann nicht sehn, was ich schreibe.«[27] Und sogar jetzt verläßt ihn sein Humor nicht. So ist in einem der Mouche-Gedichte noch einmal von der Lotosblume die Rede, die ihren Kelch im Mondlicht erschließet: »Doch statt des befruchtenden Lebens / Empfängt sie nur ein Gedicht.«

In seinen letzten Gedichten wiederholt er auf andere Weise die zentralen Motive seines Lebens. Wie er nie und nimmer auf die Liebe verzichten wollte, so hat er sich nie mit seiner Unzugehörigkeit abfinden können:

Keine Messe wird man singen,
Keinen Kadosch wird man sagen,

Nichts gesagt und nichts gesungen
Wird an meinen Sterbetagen.

Im Mittelpunkt auch seiner späten Gedichte steht die Frau: »Des Weibes Leib ist ein Gedicht, / Das Gott der Herr geschrieben ...« Und noch in seinen allerletzten Versen sehnte sich Heine nach der Liebe: »Noch einmal möcht' ich vor dem Sterben / Um Frauenhuld beseligt werben.«

Nachbemerkung

(1997)

Als ich die großen deutschen Dichter zum erstenmal las – es ist lange her, es war in meiner Berliner Schulzeit, in den dreißiger Jahren –, da tat ich es freiwillig und sehr gern. Denn ich verdankte ihnen allen viel Vergnügen, wenn sie mich nicht gar begeistert haben – was übrigens meist der Fall war. Gewiß, um Klopstock und Wieland kümmerte ich mich nicht, sie waren schon damals ins Museale entlassen.

Ich bewunderte die drei großen Dramen Lessings, die mich allerdings etwas kalt ließen. Ich liebte Schiller (die Theaterstücke, zumal »Die Räuber« und »Don Carlos«, und die Balladen, zumal »Die Kraniche des Ibykus«). Ich bewunderte, liebte und verehrte Goethe, den »Faust« vor allem, aber auch den »Egmont« und die »Iphigenie«. Hölderlin war mir fremd, aber ich verneigte mich vor ihm, bebend vor Ehrfurcht. Ich litt mit Kleist und war in ihn vernarrt, ganz besonders in den »Homburg« und in einige Erzählungen. Büchner hatte mich aufgeschreckt und hingerissen, Grabbe nur irritiert, Hebbel nur interessiert,

Gottfried Keller belustigt und ergötzt, Storm gerührt, Fontane berückt und entzückt, der junge Hofmannsthal beglückt.

Aber keiner stand mir näher als Heinrich Heine, ja mit ihm konnte ich mich bisweilen sogar identifizieren. Robert Musil fragte einst: »Was bleibt von Kunst?« Und er antwortete lapidar: »Wir, als Geänderte, bleiben.«[1] Wenn ich mir überlege, ob es denn einen anderen Autor gebe, der mir so nahe stehen würde wie Heine und von dem ich sagen könnte, er habe mir in den schwierigsten Situationen meines Lebens geholfen, er habe mich geändert – dann kommt mir nur noch ein einziger in den Sinn: Thomas Mann.

Meine Beziehung, ja meine Hinneigung zu Heine, dem deutschen Juden, dem jüdischen Europäer, dem europäischen Weltbürger, hatte viele Gründe und verschiedene Ursachen: persönliche und allgemeine, emotionale sowie rationale – und natürlich auch solche, die mit meiner Herkunft zu tun haben und mit meinem Temperament, mit meiner Biographie und mit meiner Mentalität.

Freilich gab es auch einen Umstand, der das Verhältnis zu Heine in meiner Jugend zunächst etwas beeinträchtigte. Ich war damals ein Theaterenthusiast. Im Vordergrund meiner Lektüre stand daher das Drama, dem der Roman und die Novelle folgten. Die Lyrik habe ich erst später entdeckt: während des Krieges. Heine indes war weder Dramatiker noch Romancier.

Aber es gab auch einen anderen und noch wichtigeren Faktor und der wirkte auf mich in gerade umgekehrter Richtung ein: Es war ja die Zeit des »Dritten Reichs«, und Heine war verboten. Da man ihn, seiner enormen Popularität wegen, nicht einfach verschweigen konnte (wie etwa Ludwig Börne), wurde er beschimpft und attackiert, verhöhnt und verunglimpft. Nun weiß man seit Jahrtausenden, daß nichts reizvoller und verlockender ist als die verbotene Frucht. Gott hat seinen im Paradies weilenden Geschöpfen die Früchte, die sie begehrten, nicht gönnen wollen. Man hat dies nie vergessen, bisweilen aber übersehen, daß erst die trotz des Verbots genossenen Früchte Adam und Eva sehend gemacht haben.

Kurz und gut: Ich wollte wissen, warum Heine, der schon zu Lebzeiten gehaßt wurde wie kein anderer deutscher Autor und der vorausgesagt hatte, daß zusammen mit seinem Werk auch dieser Haß überleben werde – warum er von den Nationalsozialisten mit beispielloser Heftigkeit bekämpft wurde. Ich begann also Heine zu lesen – und ich bin immer noch dabei.

Als Halbwüchsiger, seine Verse und seine Prosa zum erstenmal und mit roten Backen lesend, habe ich gewiß noch nicht begriffen, doch vielleicht schon geahnt, warum man für oder gegen diesen Dichter sein könne oder vielleicht sein müsse, daß aber ein gleichgültiges oder lauwarmes Verhältnis zu ihm unmöglich sei. Heute weiß ich, daß die

Geschichte der deutschen Literatur ohne Heine nicht mehr vorstellbar ist.

Und wann immer ich mich mit ihm beschäftigte und, über ihn schreibend, andere an meiner Freude, meinem Vergnügen und meinem Glück, aber auch an meinen Zweifeln und Bedenken teilnehmen lassen wollte, empfand ich ihn als meinen Zeitgenossen und Verbündeten, als meinen genialen Freund, wenn auch einen gelegentlich etwas unzuverlässigen. Aber so sind nun einmal die großen Dichter – man kann sich nie ganz auf sie verlassen. Und wenn man meint, es sei doch möglich, dann stellt sich heraus, daß sie letztlich nicht so groß sind.

In diesem Band wird bloß eine kleine Auswahl meiner im Laufe der Jahre und Jahrzehnte entstandenen Arbeiten geboten, die Essenz dessen, was ich zum Fall Heine zu sagen hatte. An der Spitze des Bandes findet sich der neueste Aufsatz, der statt eines Vorworts gedruckt wird, die anderen stehen in chronologischer Reihenfolge. Die unmittelbaren Anlässe, die mir nicht ganz belanglos scheinen, und die Entstehungsdaten, auf die ich besonderen Wert lege, sind in den »Nachweisen und Anmerkungen« angeführt.

Als selbständige Einheiten konzipiert und publiziert, sollten diese Beiträge hier gleichfalls allein gelesen werden können und sich allein verantworten. Das hat einige Wiederholungen zur Folge, auch von drei oder vier Zitaten, die mir besonders lieb und wichtig sind. Das hätte ich vermeiden können. Nur würde jede Kürzung eine Einbuße bedeuten, ich hätte also die entsprechende Arbeit ärmer gemacht. Das wollte ich nicht, es wäre leichtsinnig gewesen – und die Leser werden, vermute ich, für meine Entscheidung Verständnis haben.

So sind die Aufsätze weder gekürzt noch ergänzt. Aber bilden sie denn ein Ganzes? Ich hoffe es, und ich glaube, daß dies zumindest insofern zutrifft, als mir ein Untertitel, an den ich ursprünglich dachte, immer noch gerechtfertigt scheint. Er sollte heißen: »Ein Bekenntnis«. Ich habe ihn dann verworfen, weil er doch wohl zu pathetisch wäre.

Frankfurt am Main, im Juni 1997 M. R.-R.

Nachweise und Anmerkungen

Statt eines Vorworts: Notizen über einen Weltpoeten

Bisher ungedruckt.

1 Johann Wolfgang Goethe: *Sämtliche Werke.* Briefe, Tagebücher und Gespräche. II. Abteilung, Band 10 (37): Briefe, Tagebücher und Gespräche von 1823 bis zu Goethes Tod. Teil I: Von 1823 bis zum Tode Carl Augusts 1828. Herausgegeben von Horst Fleig. Deutscher Klassiker Verlag. Frankfurt am Main, 1993. S. 443. Johann Wolfgang Goethe: Sämtliche Werke. Briefe, Tagebücher und Gespräche. I. Abteilung, Band 10: »Wilhelm Meisters Wanderjahre.« Herausgegeben von Gerhard Neumann und Hans-Georg Drewitz. A. a. O., S. 770.

2 Heinrich Heine: *Sämtliche Schriften.* Herausgegeben von Klaus Briegleb. Carl Hanser Verlag, München 1969, Zweiter Band, S. 39.

3 Heinrich Heine: *Sämtliche Schriften.* A. a. O., Dritter Band, S. 440.

4 Friedrich Nietzsche: *Werke in zwei Bänden.* Band II. Carl Hanser Verlag, München 1967, S. 420.

5 Heinrich Heine: *Sämtliche Schriften.* A. a. O., Sechster Band, Erster Teilband, S. 447.

6 Ebenda.

7 Franz Grillparzer: *Tagebücher und Reiseberichte.* Her-

ausgegeben von Klaus Geißler. Verlag der Nation, Berlin 1980, S. 341.

8 Wolfgang Koeppen: *Gesammelte Werke in sechs Bänden.* Herausgegeben von Marcel Reich-Ranicki in Zusammenarbeit mit Dagmar von Briel und Hans-Ulrich Treichel. Band 6: Essays und Rezensionen. Suhrkamp Verlag, Frankfurt am Main 1986, S. 106.

9 Karl Kraus' Essay *Heine und die Folgen,* der 1910 als selbständige Broschüre im Albert Langen Verlag, München, publiziert wurde, ist zu finden in: Karl Kraus, *Auswahl aus dem Werk.* Auswahl von Heinrich Fischer. Kösel-Verlag, München 1957. Die zitierte Formulierung ist in dieser Ausgabe auf S. 184.

Eine Provokation und eine Zumutung

Dieser zunächst in der *Zeit* vom 22. September 1972 veröffentlichte Aufsatz wurde geschrieben für das Buch *Geständnisse. Heine im Bewußtsein heutiger Autoren* (hrsg. von Wilhelm Gössmann unter Mitwirkung von Hans Peter Keller und Hedwig Walwei-Wiegelmann, Droste Verlag, Düsseldorf 1972), in dem die Arbeit unter dem Titel *Heines Genialität* abgedruckt ist (S. 120–128).

1 Karl Kraus: *Heine und die Folgen.* A. a. O., S. 187.

2 Theodor W. Adorno: *Gesammelte Schriften.* Band 11: *Noten zur Literatur.* Herausgegeben von Rolf Tiedemann. Suhrkamp Verlag, Frankfurt/M. 1974, S. 100. – Der zitierte Aufsatz *Die Wunde Heine* stammt aus dem Jahre 1956.

3 Heinrich Heine: *Sämtliche Werke.* Herausgegeben von Hans Kaufmann. Band XIII. Kindler Verlag, München 1964, S. 245/46.

4 Heinrich Heine: *Sämtliche Schriften.* A. a. O., Zweiter Band, S. 19.

5 Heinrich Heine: *Sämtliche Schriften.* A. a. O., Erster Band, S. 353.
6 Ebenda, S. 399.
7 Heinrich Heine: *Sämtliche Schriften.* A. a. O., Sechster Band, Erster Teilband, S. 483.
8 Heinrich Heine: *Briefe.* Erste Gesamtausgabe nach den Handschriften. Herausgegeben und eingeleitet von Friedrich Hirth. Florian Kupferberg Verlag, Mainz 1949/1950. Erster Teil, S. 150.
9 Max Brod: *Heinrich Heine.* Verlag Allert de Lange, Amsterdam 1935, S. 269.

Der Artist als Kritiker

Geschrieben für mein Buch »Die Anwälte der Literatur« (Stuttgart 1994) und als Vortrag am 17. Februar 1986 im Hamburger Rathaus gehalten. Zuerst gedruckt (unter dem Titel »Eine schmerzene Wunde, schief und schön vernarbt«) in der Frankfurter Allgemeinen Zeitung vom 8. März 1986.

1 Theodor W. Adorno: *Gesammelte Schriften.* A. a. O., Band 11, S. 95 und 105.
2 »Süddeutsche Zeitung« vom 19./20. Oktober 1985.
3 F.A.Z. vom 25. März 1978.
4 Heinrich Heine: *Sämtliche Schriften.* A. a. O., Fünfter Band, S. 109.
5 *Heinrich Heine und seine Zeit 1797–1856.* Katalog zur Heine-Ausstellung im Museum des Heinrich-Heine-Instituts: Herausgegeben von Joseph A. Kruse. Heinrich-Heine-Institut, Düsseldorf 1980, S. 8.
6 Heinrich Heine. *Briefe.* A. a. O., Erster Teil, S. 8.
7 Heinrich Heine. *Sämtliche Schriften.* A. a. O., Erster Band, S. 399.
8 Heinrich Heine: *Briefe.* A. a. O., Erster Teil, S. 85.

9 Ebenda, S. 96.
10 Ebenda, S. 38.
11 Ebenda, S. 63.
12 Ebenda, S. 100.
13 Ebenda, S. 107.
14 Ebenda, S. 150.
15 Martin Walser: *Liebeserklärungen.* Suhrkamp Verlag, Frankfurt/M. 1983, S. 183.
16 Heinrich Heine: *Briefe.* A. a. O., Erster Teil, S. 242.
17 Heinrich Heine: *Sämtliche Schriften.* A. a. O., Sechster Band, Erster Teilband, S. 622.
18 Heinrich Heine: *Briefe.* A. a. O., Erster Teil, S. 250.
19 Ebenda, S. 284.
20 Heinrich Heine: *Sämtliche Schriften.* A. a. O., Zweiter Band, S. 874.
21 Ebenda, S. 830.
22 Ebenda, S. 832.
23 Vgl. Wolfgang Hädecke: *Heinrich Heine.* Eine Biographie. Carl Hanser Verlag, München 1985, S. 224.
24 Heinrich Heine: *Sämtliche Schriften.* A. a. O., Zweiter Band, S. 854.
25 Heinrich Heine: *Briefe.* A. a. O., Erster Teil, S. 408.
26 Heinrich Heine: *Sämtliche Schriften.* A. a. O., Zweiter Band, S. 459.
27 Ebenda, S. 456 ff.
28 Heinrich Heine: *Briefe.* A. a. O., Erster Teil, S. 326.
29 Heinrich Heine: *Sämtliche Schriften.* A. a. O., Sechster Band, Erster Teilband, S. 498.
30 Heinrich Heine: *Sämtliche Schriften.* A. a. O., Dritter Band, S. 468.
31 Heinrich Heine: *Briefe.* A. a. O., Zweiter Teil, S. 278.
32 Heinrich Heine: *Sämtliche Schriften.* A. a. O., Dritter Band, S. 587.
33 Ebenda, S. 467.

34 Ebenda, S. 515.

35 Heinrich Heine: *Sämtliche Schriften.* A. a. O., Sechster Band, Erster Teilband, S. 617.

36 Heinrich Heine: *Briefe.* A. a. O., Zweiter Teil, S. 101.

37 Heinrich Heine: *Sämtliche Schriften.* A. a. O., Dritter Band, S. 515.

38 Johann Wolfgang Goethe: *Gedenkausgabe der Werke, Briefe und Gespräche.* Herausgegeben von Ernst Beutler. Dritte Auflage. Artemis Verlag, Zürich, Band 8, S. 165.

39 Heinrich Heine: *Briefe.* A. a. O., Zweier Teil, S. 37.

40 Heinrich Heine: *Sämtliche Schriften.* A. a. O., Dritter Band, S. 370.

41 Heinrich Heine: *Sämtliche Schriften.* A. a. O., Sechster Band, Erster Teilband, S. 370.

42 Heinrich Heine: *Sämtliche Schriften.* A. a. O., Dritter Band, S. 372 f.

43 Heinrich Heine: *Sämtliche Schriften.* A. a. O., Vierter Band, S. 179.

44 Heinrich Heine: *Sämtliche Schriften.* A. a. O., Dritter Band, S. 374 f.

45 Ebenda, S. 455.

46 Ebenda, S. 586.

47 Ebenda, S. 440.

48 Ebenda, S. 487.

49 Ebenda, S. 480.

50 Heinrich Heine: *Sämtliche Schriften.* A. a. O., Sechster Band, Erster Teilband, S. 668.

51 Heinrich Heine: *Briefe.* A. a. O., Erster Teil, S. 426.

52 Heinrich Heine: *Sämtliche Schriften.* A. a. O., Dritter Band, S. 395.

53 Ebenda, S. 469.

54 Heinrich Heine: *Briefe.* A. a. O., Erster Teil, S. 333.

55 Heinrich Heine: *Sämtliche Schriften.* A. a. O., Dritter Band, S. 390.

Es war ein Traum

Vorlesung zur Inauguration der Heinrich-Heine-Gastprofessur an der Heinrich-Heine-Universität Düsseldorf (am 14. November 1991). Die Arbeit lag auch der Dankansprache zugrunde, die ich anläßlich der Verleihung der Ehrendoktorwürde der Universität Augsburg (am 26. Februar 1992) gehalten habe. Zuerst gedruckt (unter dem Titel »Heine und die Liebe«) in der »Frankfurter Allgemeinen Zeitung« vom 12. Dezember 1992.

1 Dr. Wilhelm Stapel: *Volk – Untersuchungen über Volk und Volkstum.* Hamburg 1942, S. 267–269. Zitiert nach: Joseph Wulf, *Literatur und Dichtung im Dritten Reich.* Eine Dokumentation. Sigbert Mohn Verlag, Gütersloh 1963, S. 413.

2 Dr. Wolfgang Lutz: *Schluß mit Heinrich Heine!* In: *Nationalsozialistische Monatshefte,* Jahrgang 7/1936, S. 792–818.

3 Friedrich Sieburg: *Beschwörung und Mitteilung.* Zur Lyrik Heinrich Heines. In: *Jahresring.* Stuttgart 1956. Enthalten (unter dem Titel *Heinrich Heine*) auch in: Friedrich Sieburg, *Zur Literatur 1924–1956.* Herausgegeben von Fritz J. Raddatz. Deutsche Verlags-Anstalt, Stuttgart 1981. S. 459.

4 Friedrich Sieburg: *Das Primat der Poesie.* In: *Frankfurter Allgemeine Zeitung* vom 19. September 1962. Enthalten auch in: Friedrich Sieburg, *Zur Literatur 1957–1963* (wie Anm. 3), S. 299.

5 *Geständnisse. Heine im Bewußtsein heutiger Autoren.* A. a. O.

6 Ebenda, S. 20.

7 Carl Zuckmayer: *Heinrich Heine, der liebe Gott und ich.* In: *Die Zeit* vom 15. Dezember 1972.

8 *Begegnungen mit Heine. Berichte der Zeitgenossen.* Her-

ausgegeben von Michael Werner. Hoffmann und Campe Verlag, Hamburg 1973, S. 36.

9 Die Äußerung stammt aus Heines Brief an Christian Sethe vom 21. Januar 1823. In: Heinrich Heine, *Briefe.* A. a. O., Erster Band, Briefe 1815–1834.

10 Den *»Gedichten von einem Polnischen Juden«,* erschienen 1772 in Mietau und Leipzig, bescheinigte Goethe »durchgehends die, Göttern und Menschen, verhaßte Mittelmäßigkeit«. Zu finden in: Johann Wolfgang Goethe, *Sämtliche Werke nach Epochen seines Schaffens.* Münchner Ausgabe. Herausgegeben von Karl Richter in Zusammenarbeit mit Herbert G. Göpfert, Norbert Miller und Gerhard Sauder. Band 1.2: Der junge Goethe 1757–1775. Herausgegeben von Gerhard Sauder. Carl Hanser Verlag, München und Wien 1987, S. 349–351.

11 Brief an Karl Immermann vom 10. Juni 1823. In: Heinrich Heine, *Briefe.* A. a. O., Erster Band, S. 85.

12 Immermanns *Brief statt einer Rezension* (*Rheinisch-Westfälischer Anzeiger,* Beilage *Kunst und Wissenschaftsblatt* vom 31. Mai 1822). Der Artikel wird referiert und zitiert in: Heinrich Heine, *Historisch-kritische Gesamtausgabe der Werke.* Herausgegeben von Manfred Windfuhr. Band I/2. *Buch der Lieder.* Apparat, bearbeitet von Pierre Grappin. Hoffmann und Campe Verlag, Hamburg 1975, S. 590 f.

13 Briefe an Karl Immermann 24. Dezember 1822. In: Heinrich Heine, *Briefe.* A. a. O., Erster Teil, S. 51.

14 Briefe an Moses Moser vom 23. August 1823 und vom 27. September 1823. In: Heinrich Heine, *Briefe.* A. a. O., S. 100 und 107.

15 Brief an Moses Moser vom 9. Januar 1826. In: Heinrich Heine, *Briefe.* A. a. O., Erster Band, S. 250.

16 Johann Wolfgang Goethe: *Sämtliche Werke nach Epo-*

chen seines Schaffens. A. a. O., Band 19: Johann Peter Eckermann, *Gespräche mit Goethe in den letzten Jahren seines Lebens.* Herausgegeben von Heinz Schlaffer. Carl Hanser Verlag, München und Wien 1986, S. 572.

17 Kurt Tucholsky: *Gesammelte Werke.* Herausgegeben von Mary Gerold-Tucholsky und Fritz J. Raddatz. Band I: 1907–1924. Rowohlt Verlag, Reinbek bei Hamburg 1960, S. 872.

18 Heinrich Heine: *Sämtliche Schriften.* A. a. O., Vierter Band. S. 244 f.

19 Theodor Adorno: *Gesammelte Schriften.* A. a. O., Band 11: *Noten zur Literatur,* S. 100. – Der zitierte Aufsatz *Die Wunde Heine* stammt aus dem Jahre 1956.

20 Jost Hermand: *Mehr als ein Liberaler. Über Heinrich Heine.* Peter Lang, Frankfurt/M. – Bern – New York – Paris 1991, S. 124.

21 Heinrich Heine: *Briefe.* A. a. O., Zweiter Teil, S. 103.

22 Heinrich Heine: *Briefe.* A. a. O., Erster Teil, S. 119.

23 Wolfgang Hädecke: *Heinrich Heine. Eine Biographie.* Carl Hanser Verlag, München 1985, S. 529.

24 Heinrich Heine: *Briefe.* A. a. O., Dritter Teil, S. 641.

25 Ebenda, S. 617.

26 Ebenda, S. 644.

27 Ebenda, S. 649.

Nachbemerkung

Bisher ungedruckt.

1 Robert Musil: *Gesammelte Werke.* Herausgegeben von Adolf Frisé, Band II: Prosa und Stücke – Kleine Prosa, Aphorismen – Autobiographisches – Essays und Reden – Kritik. Rowohlt Verlag, Reinbek bei Hamburg 1978, S. 146 f.

Bibliographie der Arbeiten Marcel Reich-Ranickis

Selbständige Buchveröffentlichungen

Deutsche Literatur in West und Ost. Prosa seit 1945. München 1963. – Taschenbuch-Ausgabe: rororo Nr. 1313–1314–1315, Reinbek bei Hamburg 1970. – Neuausgabe: Stuttgart 1983. – Taschenbuch-Ausgabe: dtv Nr. 10414, München 1985.

Literarisches Leben in Deutschland. Komentare und Pamphlete. München 1965.

Wer schreibt, provoziert. Kommentare und Pamphlete. dtv Nr. 384, München 1965. – Fischer Taschenbuch Nr. 11395, Frankfurt/M. 1993.

Literatur der kleinen Schritte. Deutsche Schriftsteller heute. München 1967. – Erweiterte Taschenbuch-Ausgabe: Ullstein Buch Nr. 2867, Frankfurt/M.–Berlin–Wien 1971 – Abermals erweiterte Taschenbuch-Ausgabe: dtv Nr. 11464, München 1991.

Die Ungeliebten. Sieben Emigranten. Opuscula Nr. 39, Pfullingen 1968.

Lauter Verrisse. Mit einem einleitenden Essay. München 1970. – Erweiterte Taschenbuch-Ausgabe: Ullstein Buch Nr. 3009, Frankfurt/M.–Berlin–Wien 1973. – Erweiterte Neuausgabe: Stuttgart 1984 – Taschenbuch-Ausgabe: dtv Nr. 11578, München 1992.

Über Ruhestörer. Juden in der deutschen Literatur. Serie

Piper Nr. 48, München 1973. – Erweiterte Taschenbuch-Ausgabe: Ullstein Buch Nr. 3335, Frankfurt/M.–Berlin–Wien 1977. – Erweiterte Neuausgabe: Stuttgart 1989 – Abermals erweiterte Neuausgabe: dtv Nr. 11677, München 1993.

Zur Literatur der DDR. Serie Piper Nr. 94, München 1974.

Nachprüfung. Aufsätze über deutsche Schriftsteller von gestern. München 1977. – Erweiterte Neuausgabe: Stuttgart 1980. – Taschenbuch-Ausgabe: dtv Nr. 10226, München 1984. – Erweiterte Taschenbuch-Ausgabe: dtv Nr. 11211, München 1990.

Entgegnung. Zur deutschen Literatur der siebziger Jahre. Stuttgart 1979. – Erweiterte Neuausgabe: Stuttgart 1981 – Taschenbuch-Ausgabe: dtv Nr. 10018, München 1982.

Betrifft Goethe. (Zusammen mit der Rede des Kanzlers Friedrich von Müller von 1832) Zürich–München 1982 – Neuausgabe: Fischer Bibliothek, Frankfurt/ M. 1995.

Nichts als Literatur. Aufsätze und Anmerkungen. Reclams Universal-Bibliothek Nr. 8076, Stuttgart 1985.

Lauter Lobreden. Stuttgart 1985 – Taschenbuch-Ausgabe: dtv 11618, München 1992.

Mehr als ein Dichter. Über Heinrich Böll. KiWi Nr. 109, Köln 1986. – Taschenbuch-Ausgabe: dtv 11907, München 1994.

Thomas Mann und die Seinen. Stuttgart 1987 – Taschenbuch-Ausgabe: Fischer Taschenbuch Nr. 6951, Frankfurt/M. 1990/1993.

Zwischen Diktatur und Literatur. Marcel Reich-Ranicki im Gespräch mit Joachim Fest. Fischer Taschenbuch Nr. 46206, Frankfurt/M. 1987 – Fischer Taschenbuch Nr. 12097, Frankfurt/M. 1993.

Herz, Arzt und Literatur. Zwei Aufsätze. Zürich 1987.

Thomas Bernhard. Aufsätze und Reden. Zürich 1990 – Taschenbuch-Ausgabe: Fischer Taschenbuch Nr. 11396, Frankfurt/M. 1993.

Max Frisch. Aufsätze. Zürich 1991 – Taschenbuch-Ausgabe: Fischer Taschenbuch Nr. 11397, Frankfurt/M. 1994.

Ohne Rabatt. Über Literatur aus der DDR. Stuttgart 1991 – Taschenbuch-Ausgabe: dtv Nr. 11744, München 1993.

Reden auf Hilde Spiel. München 1991.

Der doppelte Boden. Ein Gespräch mit Peter von Matt. Zürich 1992 – Taschenbuch-Ausgabe: Fischer Taschenbuch Nr. 11894, Frankfurt/M. 1994.

Günter Grass. Aufsätze. Zürich 1992 – Taschenbuch-Ausgabe: Fischer Taschenbuch Nr. 12254, Frankfurt/M. 1994/1999.

Der romantische Prophet. Anmerkungen zu Friedrich Schlegels Literaturkritik. Heidelberger Universitätsreden; Band 5, Heidelberg 1993 und Jenaer philosophische Vorträge und Studien; Band 5, Erlangen und Jena 1993.

Die Anwälte der Literatur: Stuttgart 1994. Taschenbuchausgabe: dtv Nr. 12185, München 1996.

Martin Walser. Zürich 1994. Taschenbuch-Ausgabe: Fischer Taschenbuch Nr. 13000, Frankfurt/M. 1996.

Vladimir Nabokov. Zürich 1995. Taschenbuch-Ausgabe: Fischer Taschenbuch Nr. 13538. Frankfurt/M. 1998.

Die verkehrte Krone. Über Juden in der deutschen Literatur. Wiesbaden 1995.

Drei Reden. Sion 1995.

Ungeheuer oben. Über Bertolt Brecht. Berlin 1996.

Wolfgang Koeppen. Zürich 1996. Taschenbuch-Ausgabe: Fischer Taschenbuch Nr. 14133, Frankfurt/M. 1998.

Der Unsinn auf unseren Bühnen oder ist Frankfurt überall? Stuttgart 1997.

Der Fall Heine. Stuttgart 1997.

Über Hilde Spiel. Deutscher Taschenbuch Verlag, München 1998.

Mein Leben. Deutsche Verlags-Anstalt, Stuttgart 1999.

Herausgegebene Bücher

Auch dort erzählt Deutschland. Prosa von »drüben«. List-Bücher Nr. 170, München 1960.

Sechzehn Polnische Erzähler. rororo Nr. 524–525, Reinbek bei Hamburg 1962.

Erfundene Wahrheit. Deutsche Geschichten seit 1945. München 1965.

Notwendige Geschichten 1933–1945. München 1967. – Taschenbuch-Ausgabe: dtv Nr. 1528, München 1980. – Serie Piper 1613, München 1994.

In Sachen Böll. Ansichten und Einsichten. Köln 1968. – Dritte, erweiterte Auflage: Köln 1968. Taschenbuch-Ausgabe: dtv Nr. 730, München 1971.

Gesichtete Zeit. Deutsche Geschichten 1918–1933. München 1969. – Taschenbuch-Ausgabe: dtv Nr. 1527, München 1980. – Serie Piper 1612, München 1992.

Anbruch der Gegenwart. Deutsche Geschichten 1900–1918. München 1971. – Taschenbuch-Ausgabe: dtv Nr. 1526, München 1980. – Serie Piper 1547, München 1992.

Erfundene Wahrheit. Deutsche Geschichten 1945–1960 (Veränderte Neuauflage). München 1972. – Taschenbuch-Ausgabe: dtv Nr. 1529, München 1980. – Serie Piper 1614, München 1995.

Verteidigung der Zukunft. Deutsche Geschichten seit 1960. München 1972. – Taschenbuch-Ausgabe: Deutsche Geschichten 1960–1980. dtv Nr. 1530, München 1980. – Serie Piper 1615, München 1995.

Frankfurter Anthologie. Gedichte und Interpretationen (bisher 23 Bände). Frankfurt/M. 1976–2000.

Ludwig Börne: *Spiegelbild des Lebens.* Aufsätze über Literatur. suhrkamp taschenbuch Nr. 408, Frankfurt/M. 1977. Erweiterte Neuausgabe: insel taschenbuch 1578, Frankfurt/M. 1993.

Klagenfurter Texte zum Ingeborg-Bachmann-Preis 1977, 1978, 1979, 1980, 1981, 1982 (6 Bände; Mitherausgeber: Humbert Fink und Ernst Willner). München 1977–1982.

Wolfgang Koeppen: *Die elenden Skribenten.* Aufsätze. Frankfurt/M. 1981. – Taschenbuch-Ausgabe: suhrkamp taschenbuch Nr. 1008, Frankfurt/M. 1984.

Meine Schulzeit im Dritten Reich. Erinnerungen deutscher Schriftsteller. Köln 1982. – Taschenbuch-Ausgabe: dtv Nr. 10328, München 1984. – Erweiterte Neuausgabe: Köln 1988. – Taschenbuch-Ausgabe: dtv Nr. 11597, München 1993.

Alfred Polgar: *Kleine Schriften.* Band 1: *Musterung.* Reinbek bei Hamburg 1982. – Taschenbuch-Ausgabe: rororo 13506, Reinbek bei Hamburg 1994. Band 2: *Kreislauf.* Reinbek bei Hamburg 1983. Band 3: *Irrlicht.* Reinbek bei Hamburg 1984. Band 4: *Literatur.* Reinbek bei Hamburg 1984. Band 5: *Theater I.* Reinbek bei Hamburg 1985. Band 6: *Theater II.* Reinbek bei Hamburg 1986.

Klagenfurter Texte zum Ingeborg-Bachmann-Preis 1983, 1984, 1985, 1986 (4 Bände; Mitherausgeber: Humbert Fink). München 1983–1986.

Über die Liebe. Gedichte und Interpretationen aus der *Frankfurter Anthologie.* insel taschenbuch Nr. 794, Frankfurt/M. 1985.

Wolfgang Koeppen: *Gesammelte Werke* (6 Bände). Frankfurt/M. 1986.

Was halten Sie von Thomas Mann? Achtzehn Autoren antworten. Fischer Taschenbuch Nr. 5464, Frankfurt/M. 1986. Fischer Taschenbuch Nr. 12252, Frankfurt/M. 1994.

Erzählte Gegenwart. Zehn Jahre Ingeborg-Bachmann-Preis. München 1986.

Johann Wolfgang von Goethe: *Alle Freuden, die unendlichen.* Liebesgedichte und Interpretationen. Insel-Bücherei Nr. 1028, Frankfurt/M. 1987/1989.

Romane von gestern – heute gelesen. Band 1: 1900–1918. Frankfurt/M. 1989. Band 2: 1918–1933. Frankfurt/M. 1989. Band 3: 1933–1945. Frankfurt/M. 1990. Taschenbuch-Ausgabe: Fischer Taschenbuch Nr. 13091 (Band I), Nr. 13092 (Band II) und Nr. 13093 (Band III), Frankfurt/M. 1996.

Horst Krüger – ein Schriftsteller auf Reisen. Materialien und Selbstzeugnisse. Hamburg 1989.

Johann Wolfgang von Goethe: *Verweile doch.* 111 Gedichte mit Interpretationen, Frankfurt/M. 1992. Taschenbuch-Ausgabe: insel taschenbuch Nr. 1775, Frankfurt 1997.

Wolfgang Koeppen: *Ohne Absicht.* Gespräch mit Marcel Reich-Ranicki in der Reihe »Zeugen des Jahrhunderts«. Göttingen 1994.

Hermann Burger: *Erzählungen.* Frankfurt am Main 1994.

Deutsche Erzähler des 20. Jahrhunderts. Von Arthur Schnitzler bis Robert Musil. Zürich 1994.

Deutsche Erzähler des 20. Jahrhunderts. Von Joseph Roth bis Hermann Burger. Zürich 1994.

1000 Deutsche Gedichte und ihre Interpretationen (10 Bände), Frankfurt 1994.

Rainer Maria Rilke: *Und ist ein Fest geworden.* 33 Gedichte mit Interpretationen. Frankfurt 1996.

Heinrich Heine: *Ich hab im Traum geweinet.* 44 Gedichte mit Interpretationen. Frankfurt 1997.

Frauen dichten anders. 181 Gedichte mit Interpretationen. Frankfurt/M. 1998.

Hundert Gedichte des Jahrhunderts. Frankfurt/M. 2000.